FACULTÉ DE DROIT DE L'UNIVERSITÉ D[...]

DE LA SPÉCIALITÉ

DES HYPOTHÈQUES

—

THÈSE POUR LE DOCTORAT

L'ACTE PUBLIC SUR LES MATIÈRES CI-DESSUS

sera soutenu le Jeudi 26 Janvier 1899 à 8 h. 1/2.

PAR

LÉON CHEREAU

Lauréat de l'École des Sciences politiques
Avocat à la Cour d'appel de Paris

Président : M. PLANIOL, *professeur*.
Suffragants { MM. WEISS, *professeur*.
PIÉDELIÈVRE, *agrégé*.

PARIS

A. CHEVALIER-MARESCQ & Cⁱᵉ, ÉDITEURS

20, RUE SOUFFLOT, 20.

1899

THÈSE

POUR

LE DOCTORAT

FACULTÉ DE DROIT DE L'UNIVERSITÉ DE PARIS

DE LA SPÉCIALITÉ

DES HYPOTHÈQUES

THÈSE POUR LE DOCTORAT

L'ACTE PUBLIC SUR LES MATIÈRES CI-DESSUS

sera soutenu le Jeudi 26 Janvier 1899 à 8 h. 1/2.

PAR

LÉON CHEREAU

Lauréat de l'Ecole des Sciences politiques
Avocat à la Cour d'appel de Paris

Président :   M. PLANIOL, *professeur.*
Suffragants { MM. WEISS, *professeur.*
              PIÉDELIEVRE, *agrégé.*

PARIS

A. CHEVALIER-MARESCQ & Cie, ÉDITEURS

20, RUE SOUFFLOT, 20

1899

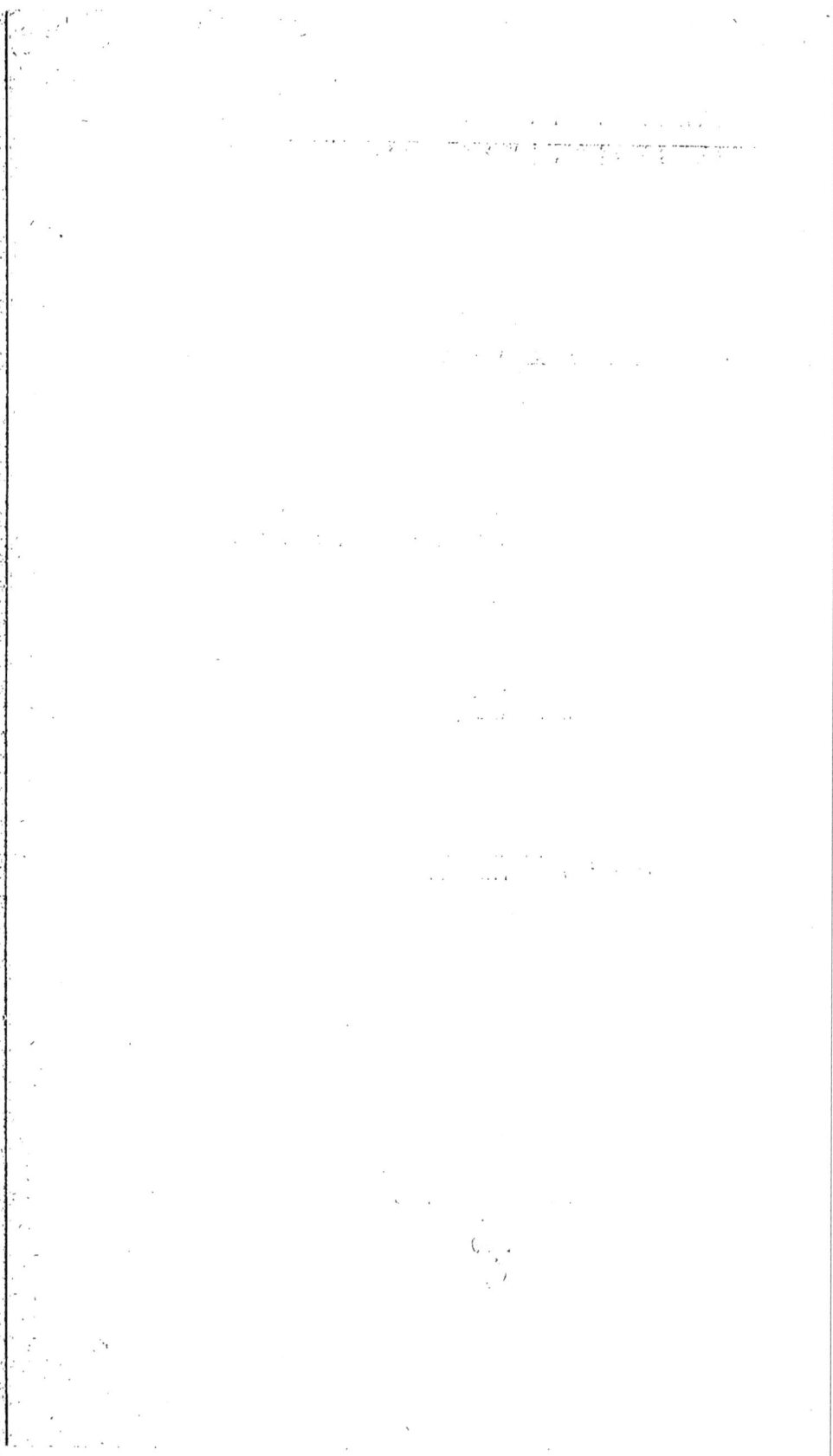

A LA MÉMOIRE DE MON PÈRE

A MA MÈRE

INTRODUCTION

Notre régime hypothécaire repose sur deux principes considérés aujourd'hui par tous les jurisconsultes comme essentiels au bon fonctionnement de tout régime hypothécaire : la publicité et la spécialité. La spécialité elle-même est, en réalité, sous un seul nom, une double règle, suivant qu'on l'envisage, par rapport à la créance garantie par l'hypothèque, ou par rapport au gage sur lequel porte l'hypothèque

Etudier le principe de la spécialité quant au gage hypothécaire dans sa raison d'être et ses conséquences, rechercher si notre législation actuelle en contient une application logique et complète ou si, au contraire, elle ne présente pas à cet égard des lacunes et des imperfections, examiner dans ce second cas quelles réformes pourraient utilement être proposées, tel est le but de ce travail.

La méthode s'impose d'elle-même. Sous peine de s'en tenir à une dissertation superficielle, il faut prendre pour point de départ de ces recherches la législation actuellement en vigueur, telle qu'elle est interprétée par la jurisprudence ; cette étude, nous mettant en contact avec la réalité des faits, permettra d'en dégager plus sûrement les principes, et les défauts de notre législation se révéleront d'eux-mêmes à la voir fonctionner. La comparaison avec les législations étrangères achèvera de nous éclairer

Chereau

à cet égard et nous permettra de mieux juger les projets de réformes proposés.

Il est toutefois indispensable, avant d'entreprendre cette étude détaillée, et pour permettre de la faire avec plus de fruit, d'établir, aussi brièvement que possible, ce qu'on entend par spécialité du gage hypothécaire, en quoi ce principe présente des avantages qui en rendent la réalisation désirable, en quoi il diffère du principe de publicité, mais aussi dans quelle mesure chacun d'eux réagit sur l'autre. Ainsi apparaîtra l'intérêt même de ces recherches. Il est nécessaire également de résumer succinctement l'histoire de ce principe dans les législations qui ont précédé celle qui nous régit actuellement et d'où elle est sortie.

Une première partie de cette étude sera consacrée à ces notions générales et à cet historique. Une seconde se rapportera à l'étude de la législation et de la jurisprudence actuelles ; ce sera la plus développée, étant la plus importante. Une troisième enfin, après un coup d'œil rapide sur les législations étrangères, indiquera les réformes qu'il nous semble désirable d'apporter à notre régime hypothécaire pour arriver à une application complète et rigoureuse de la spécialité.

PREMIERE PARTIE

Notions Générales et Historique

___

CHAPITRE PREMIER

NOTIONS GÉNÉRALES

1

La spécialité d'une hypothèque consiste dans la détermination exacte de la créance garantie par l'hypothèque ainsi que de l'objet soumis à l'hypothèque. Il y a donc une double spécialité, l'une relative à la créance garantie, l'autre relative au gage affecté à la garantie. Une hypothèque qui ne satisfait pas à la spécialité considérée sous son premier aspect est dite indéterminée ; une hypothèque qui ne satisfait pas à la spécialité considérée sous son second aspect, est dite générale.

C'est uniquement de la seconde sorte de spécialité que nous nous occuperons dans toute cette étude. Nous examinerons seulement la spécialité de l'hypothèque quant au gage hypothécaire ; nous ne parlerons de l'hypothèque spéciale que comme opposée à l'hypothèque générale.

Il importe d'abord de définir nettement ce qu'on entend par une hypothèque générale ; nous pourrons ensuite, en la comparant à l'hypothèque spéciale, montrer les avantages que procure cette dernière.

L'expression « hypothèque générale » pourrait logiquement s'appliquer à plusieurs combinaisons d'hypothèques
portant sur des gages d'étendues diverses : par exemple,
à l'hypothèque portant sur tous les immeubles présents
du débiteur, c'est-à-dire sur tous ceux qu'il possède au
moment de la constitution de l'hypothèque, et sur ceux-là
seulement — ou bien sur tous ses immeubles présents et à
venir, jusqu'au jour de la réalisation du gage hypothécaire
— ou encore sur tous ces immeubles et en outre sur les
immeubles personnels de l'héritier du débiteur si celui-ci
meurt avant d'avoir satisfait à son obligation hypothécaire.
Mais l'usage a précisé le sens de l'expression ; on entend
par hypothèque générale celle qui porte sur tous les immeubles présents et à venir du débiteur, mais non sur
ceux de son héritier. On peut dire que, lorsqu'un créancier
a une hypothèque générale, il ne fait que consolider, en
le dénaturant, le droit de gage général que tout créancier a
sur le patrimoine de son débiteur. C'est encore le patrimoine qui est, ici en réalité, l'objet de ce gage d'une
nature spéciale, de ce gage hypothécaire.

Seulement, la nature particulière du droit hypothécaire
a un double résultat important à noter. D'une part, tous
les éléments du patrimoine ne sont pas, dans notre droit,
susceptibles de servir d'objet au droit réel d'hypothèque :
seuls, d'après notre loi, les immeubles et les navires peuvent être hypothéqués. D'autre part, le patrimoine est une
universalité juridique dont les éléments, variant à chaque
instant, peuvent diminuer aussi bien que s'accroître ; mais
le caractère de droit réel de l'hypothèque a précisément
pour but et pour résultat de remédier à cet inconvénient et
de permettre au créancier de suivre entre les mains de

tous tiers détenteurs les objets qui ont été une fois soumis à son gage.

Le créancier qui a une hypothèque générale est donc celui qui a un droit de préférence et un droit de suite sur tous les éléments que la loi déclare susceptibles d'hypothèque et qui ont figuré dans le patrimoine de son débiteur à partir de la naissance de son hypothèque. Le créancier qui a une hypothèque spéciale est au contraire celui qui n'a ce droit de préférence et ce droit de suite que sur un ou plusieurs éléments, nominativement désignés, du patrimoine de son débiteur, à l'exclusion de tout le reste de ce patrimoine. Dans le premier cas, le droit porte sur une universalité juridique ; dans le second, sur des objets spécialement déterminés.

II

Il semblerait résulter de ces définitions qu'un créancier a toujours intérêt à avoir une hypothèque générale plutôt qu'une spéciale, puisqu'il en résulte pour lui un droit de même nature portant sur un gage plus étendu. Il en serait en effet ainsi si chaque débiteur n'avait affaire qu'avec un seul créancier hypothécaire. Mais les nécessités pratiques amènent ordinairement le débiteur à se trouver en face de plusieurs créanciers hypothécaires. Il devient dès lors plus avantageux pour tous les créanciers hypothécaires, autres que le premier en date, d'avoir une hypothèque spéciale de préférence à une générale. Leur droit gagne en certitude ce qu'il perd en étendue. Un exemple le fera comprendre.

Un débiteur possède trois immeubles A. B et C valant dix mille francs chacun. Il emprunte à trois reprises différentes huit mille francs. Si pour garantie de chaque emprunt il donne à chaque créancier une hypothèque générale, les second et troisième créanciers hypothécaires auront bien pour gage les trois immeubles du débiteur, mais, sur chaque partie de ce gage, ils seront primés par un ou par deux créanciers antérieurs ; quelle que soit la partie du gage qui sera réalisée, ils n'auront jamais la première place tant que le ou les créanciers antérieurs ne seront pas entièrement désintéressés. Sur le premier immeuble vendu, ils se présenteront tous les trois, et ce seul concours augmentant les frais, il devient possible que le prix de vente de cet immeuble ne suffise même pas à désintéresser le premier d'entre eux. On comprend qu'ils préfèrent dans ces conditions une hypothèque spéciale, ne portant que sur un des immeubles, mais venant sur cet immeuble en première ligne. Cela est possible si le premier créancier a bien voulu se contenter d'une hypothèque spéciale ne grevant qu'un des immeubles de son débiteur et laissant libres les deux autres. Ainsi l'immeuble A servira de garantie exclusivement au premier créancier, l'immeuble B au second, l'immeuble C au troisième ; et, pour ces deux derniers créanciers, l'avantage de cette combinaison sur la première est évidente. Pour le premier créancier, s'il n'y gagne rien, du moins n'y perd-il pas, du moment que l'immeuble affecté à sa garantie est de valeur suffisante.

L'avantage du créancier à se faire concéder une hypothèque spéciale de préférence à une générale explique l'avantage du débiteur à offrir l'une plutôt que l'autre, afin de ménager son crédit. S'il cède aux exigences d'un premier prêteur, s'il lui consent, hors de propos, une hypothèque générale, il grève d'un seul coup tout son patrimoine, il se met dans l'impossibilité de satisfaire aux justes demandes des prêteurs subséquents auxquels il pourra avoir besoin de recourir ; n'ayant plus aucun bien de libre, il ne pourra leur offrir qu'une seconde hypothèque, et se verra peut-être, pour cette raison, refuser un crédit nécessaire. Combien n'est-il pas plus sage en cantonnant, dès le début, les garanties qu'il donne à son premier créancier ! Il se réserve ainsi des biens entièrement libres qu'il pourra, le cas échéant, offrir à leur tour en garantie, ou dont il pourra disposer sans entraves, par vente amiable, s'il lui plaît. Ainsi, l'hypothèque spéciale, ne grevant dans le patrimoine du débiteur qu'un élément proportionné à la créance à garantir, n'exige de lui, tout en laissant au créancier une sûreté suffisante, que le moindre sacrifice possible ; modelant l'effort à dépenser sur l'énergie à obtenir, elle réserve l'avenir et permet la meilleure utilisation du crédit.

Ce minimum de sacrifice de la part du débiteur produit par contre-coup un nouvel avantage pour le créancier, pour le capitaliste ; il multiplie les prêts en en rendant les conditions moins pénibles ; il facilite les placements de capitaux.

La spécialité offre également des avantages pour les acquéreurs d'immeubles. Avec l'hypothèque générale, en effet, il suffit d'un seul créancier pour que tout le patrimoine du débiteur soit grevé, de quelques-uns pour que chaque élément de ce patrimoine soit grevé de leurs créances à tous. D'où, pour l'acquéreur, l'impossibilité de se libérer à l'amiable, la nécessité de faire des notifications, de s'exposer à une surenchère, tout au moins à des frais considérables. La spécialité, cantonnant chaque créancier sur un élément distinct du patrimoine, laisse certains de ces éléments libres de toutes charges, tout au moins diminue le nombre de celles qui pèsent sur chacun d'eux. La valeur des immeubles, leur facilité de circulation est d'autant plus augmentée.

Le crédit public, enfin, est, lui aussi, intéressé à l'application du principe de la spécialité. Il l'est tout d'abord en ce qu'il se confond avec l'ensemble des intérêts particuliers, et que toute mesure qui profite à la fois aux créanciers, aux débiteurs, aux acquéreurs de biens, ne peut que profiter à la société. Il l'est aussi en ce que la spécialité facilite la circulation des immeubles ; en ce que, diminuant le nombre des créanciers en concours sur un même immeuble, elle supprime ou simplifie les procédures de saisie, de purge, d'ordre, et en restreint les frais toujours trop considérables.

Ces considérations d'intérêt public justifient à elles seules l'intervention du législateur en cette matière, et on ne peut que le louer de ne pas s'en être remis au seul intérêt privé du soin d'assurer la spécialité de l'hypothèque, ainsi que cela a été proposé à plusieurs reprises. La nécessité de son intervention à ce point de vue est parfaitement mise en lumière dans le passage suivant de M. Colmet de Santerre : « La première et la principale (raison) est la tendance du législateur à protéger le constituant contre des conventions vagues et générales dont il n'apercevrait pas bien les conséquences, engageant, par exemple, tous ses biens sans se rendre un compte exact de l'état de sa fortune immobilière, plus souvent encore hypothéquant ses biens futurs, parce qu'il n'espère pas plus tard acquérir des immeubles. Ces conventions se feraient d'autant plus facilement qu'elles deviendraient de style... » (1).

III

Tels sont les avantages résultant de la spécialité des hypothèques (2). On peut, en laissant de côté les lignes secondaires, les résumer d'un mot : la spécialité réalise la meilleure utilisation du crédit du débiteur.

Il importe de remarquer que ces avantages sont tout différents de ceux qu'on cherche à obtenir et qu'on obtient par la publicité des hypothèques.

Tandis que la spécialité intéresse avant tout les parties elles-mêmes et notamment le débiteur, la publicité intéresse uniquement les tiers. Elle n'ajoute rien à la connaissance que les parties ont de l'hypothèque et de toutes ses modalités, puisque c'est leur œuvre, s'il s'agit d'une hypothèque conventionnelle, puisque, s'il s'agit d'une hypothèque légale ou judiciaire, elles ne peuvent ignorer qu'elles se trouvent dans les conditions voulues par la loi pour donner naissance à ces hypothèques. La publicité a pour but et pour effet de prévenir les tiers, c'est-à-dire tous ceux qui, postérieurement à la naissance de l'hypothèque, voudraient acquérir sur l'immeuble grevé un droit réel de propriété, d'usufruit ou d'hypothèque ; elle leur révèle l'existence du droit réel antérieur et préférable au leur ; elle les empêche de traiter avec le détenteur de l'immeuble dans l'ignorance d'un état de choses préexistant qui peut

---

1. Colmet de Santerre, *Droit civil*, tome IX, p. 182.
2. Si ces avantages sont aujourd'hui à peu près unanimement reconnus, il n'en a pas toujours été ainsi. De vives objections ont été à plusieurs reprises soulevées contre la spécialité des hypothèques ; nous les retrouverons en faisant l'histoire de ce principe.

leur être préjudiciable et que la mauvaise foi de leur
cocontractant pourrait leur laisser ignorer.

Ainsi, ces deux principes tutélaires, spécialité, publicité,
ont des buts différents, protègent des personnes différentes,
se réalisent par des procédés différents.

Et cependant il arrive parfois qu'on les confonde. Il y
a eu pendant longtemps une tendance à faire de la spécialité un simple corollaire de la publicité, à dire qu'elle
n'en était qu'un complément. C'est que ces deux principes,
quoique distincts, et pouvant exister l'un sans l'autre, ont
cependant entre eux de nombreux rapports et réagissent
l'un sur l'autre. Ce sont ces différents points qu'il nous paraît utile de mettre en lumière en quelques mots.

IV

La spécialité peut exister sans la publicité. Cela est
évident, puisqu'elle est concomitante de la naissance de
l'hypothèque, tandis que la publicité est nécessairement
postérieure à cette naissance. La spécialité constitue une
modalité de l'hypothèque ; on peut concevoir parfaitement
l'existence d'une hypothèque comportant cette modalité
et que rien ne rend publique, ne révèle aux tiers. Nous en
trouverons un exemple en droit grec, où la publicité de
l'hypothèque n'existait qu'en certaines villes, à l'état exceptionnel, et où cependant il paraît bien que l'usage
était de stipuler plus fréquemment une hypothèque spéciale qu'une hypothèque générale.

La publicité peut, elle aussi, exister sans la spécialité.
Rien de plus facile à comprendre. Elle a pour but de renseigner les tiers sur ce qui est, de leur faire connaître
l'existence de l'hypothèque et de ses modalités ; elle peut

aussi bien fonctionner pour une hypothèque générale que pour une hypothèque spéciale ; elle donnera aussi bien dans le premier cas que dans le second tout ce qu'on est en droit d'exiger d'elle : la connaissance détaillée d'un état de fait préexistant. Seulement, dans le premier cas, cet état de fait sera moins complexe que dans le second ; il comprendra un élément de moins : la spécialité. C'est ce qui arrive, par exemple, lorsque, dans notre droit, on inscrit une hypothèque générale comme celle de la femme mariée.

Mais chacun de ces principes réagit sur l'autre.

D'une part, lorsque la spécialité existe, la publicité n'est complète qu'autant qu'elle reflète cet élément de l'hypothèque ; elle serait incomplète et trompeuse si elle annonçait l'existence de l'hypothèque sans indiquer en même temps qu'elle est spécialisée, restreinte à tel ou tel immeuble. De là vient que le législateur exige la désignation spéciale de l'immeuble hypothéqué non seulement dans la constitution de l'hypothèque, mais encore dans son inscription. Mais qu'on ne s'y trompe pas : la première exigence seule est la consécration législative du principe de la spécialité ; l'autre est une application non de ce principe, mais de celui de la publicité. Et cela explique la différence de sanction de ces deux règles, différence sur laquelle nous aurons à revenir.

D'autre part, lorsque la publicité existe, elle facilite singulièrement la spécialité. Nous l'avons dit : en se contentant d'une hypothèque spéciale, le créancier restreint l'étendue de son gage ; il ne le fera qu'autant qu'il sera sûr que ce gage, pour restreint qu'il soit, demeure suffisant à la garantie de sa créance ; et cette certitude, seule

la publicité peut la lui donner, en le renseignant exactement sur l'état hypothécaire de l'immeuble qui lui est offert. Avec un système d'hypothèques occultes, le créancier
est dans l'impossibilité de connaître la valeur réelle du
gage qu'on lui propose ; il doit s'en rapporter sur ce point
capital aux déclarations, forcément suspectes du débiteur ;
il peut craindre toutes les surprises ; il est dès lors naturellement porté à exiger le gage le plus étendu possible, pour
parer à toute éventualité. Il exigera une hypothèque générale. Ainsi, la spécialité peut logiquement se concevoir
sans la publicité, mais, pratiquement, elle sera difficilement acceptée sans cette publicité. L'histoire de la spécialité hypothécaire nous en fournira la preuve : à Rome,
comme dans notre ancien droit français, l'hypothèque a
été à la fois générale et occulte, et elle a été générale surtout parce qu'elle était occulte. Le droit grec renferme à
cet égard une anomalie, que la nature particulière de
l'hypothèque dans ce droit peut d'ailleurs expliquer (**1**).

1. La confusion entre les principes de spécialité et de publicité, que
nous signalions plus haut, éclate notamment dans un passage des Observations du Tribunal de cassation sur le « système hypothécaire » (Fenet,
tome II, p. 615 et suiv.) Ce passage met également en relief d'une façon
très nette, les graves inconvénients de la généralité des hypothèques, et,
pour ce double motif, nous croyons intéressant de le citer *in extenso* :
« Il parait que la liaison réelle de la spécialité avec la publicité n'a
pas été saisie sous son véritable aspect.
« Quel est le but que l'on a eu en vue en établissant la publicité ? C'est
de mettre chaque prêteur ou contractant à portée de connaître ce qu'il y
a de libre dans chaque bien de l'emprunteur, et d'être assuré par là de
prendre une hypothèque efficace pour sa créance ; c'est, d'un autre côté,
de donner à l'emprunteur des moyens certains de faire connaître les domaines qu'il possède libres de tout engagement, et d'user, sans obstacle,
de la plénitude de son crédit réel : c'est, enfin, de ne faire concourir sur
le même objet qu'un nombre limité de créanciers hypothécaires, en sorte
qu'il n'y ait jamais lieu à une discussion générale de biens, à un règle-

V

En résumé, la spécialité des hypothèques présente de grands et incontestables avantages. Elle mérite à ce titre

ment général de droits et de rangs entre tous les créanciers d'un même débiteur, et que par là les poursuites de saisie réelle et d'ordre ne soient plus une source de profits odieux pour les gens d'affaires, et de ruine déplorable pour les débiteurs et les créanciers.

« Voilà les bienfaits et l'objet essentiel de la publicité.

« Voyons donc si cela peut se concilier avec la généralité du droit de prendre inscription hypothécaire sur tous les biens présents et futurs, même sur tous les biens présents du débiteur.

« Je suppose que ce droit appartienne à tous les créanciers par le seul effet d'un acte notarié. Ils vont tous concourir, par leur inscription sur le même bien, dont l'expropriation est poursuivie ; et, quelque bien qu'on veuille prendre, ce concours sera le même. Ainsi, le plus ancien inscrit de tous les créanciers demandera à toucher le premier sa créance sur le prix ; le second s'y trouvera de même et demandera la seconde place ; il en sera de même du troisième, du quatrième, du vingtième, jusqu'à ce que le prix soit épuisé ; et tous, y compris le premier, ne recevront qu'après l'entier acquit des frais... Les créanciers non payés par ces causes et par leur rang infructueux n'ont plus d'autre parti à prendre que de suivre l'expropriation d'un autre bien, où se renouvelleront les mêmes scènes..., jusqu'à ce que le débiteur, agonisant sous ces coups redoublés, soit dépouillé de son dernier héritage, par cela seul qu'un premier a été mis à la poursuite...

« Par contre-coup infaillible de ces malheurs prévus, tout capitaliste à qui le propriétaire s'adresse, ne voit plus ni sûreté ni clarté dans les gages qu'on lui présente : au lieu d'une sûreté complète, il conçoit à peine une espérance ;... quelque bien qui lui soit offert, il trouve assise sur ce bien la main de créanciers supérieurs en masse à sa valeur... Dans cet état, s'il prête, il s'expose aux plus grands dangers, malgré la publicité des hypothèques : s'il ne prête pas, ce qui sera le parti le plus sage, le but de la loi n'est plus rempli ; le propriétaire n'obtient point de secours, il n'a qu'un crédit fondé en calcul certain, mais anéanti par l'effet... Voilà un tableau vrai et sensible, qui, s'il ne prouve pas qu'il y ait physiquement liaison essentielle entre la spécialité du droit d'inscrire l'hypothèque, et la publicité démontre au moins que le but que la loi se propose par la publicité, ne peut être atteint qu'en ôtant à tout créancier authentique la faculté de porter de plein droit ses inscriptions sur chacun des biens présents et à venir du débiteur. »

On remarquera que ce passage commence par attribuer à la publicité d'être consacrée dans notre loi, et d'y être consacrée indépendamment de la publicité qui a un autre but, et d'autres moyens pour le remplir.

Ces avantages sont d'ailleurs les mêmes, qu'il s'agisse d'hypothèques conventionnelles ou d'hypothèques légales. Et cependant, nous verrons qu'un grand nombre de nos hypothèques légales échappent encore à ce principe et sont restées générales ; c'est sans contredit, au point de vue de l'application du principe de la spécialité dans notre régime hypothécaire actuel, le défaut le plus saillant ; nous aurons à en rechercher les raisons, et, s'il se peut, à en indiquer les remèdes.

des hypothèques, à la fois les avantages qui en découlent et ceux qui proviennent de la spécialité. Il établit ensuite les inconvénients résultant de la généralité des hypothèques ; enfin, il termine en renouvelant l'erreur du début et en disant que « le but que la loi se propose par la publicité ne peut être atteint qu'en ôtant à tout créancier authentique » le droit de prendre une hypothèque générale.

La vérité consisterait à dire qu'un bon régime hypothécaire doit éviter un certain nombre d'inconvénients ; qu'il évite les uns par la publicité, les autres par la spécialité ; et que, dès lors, établir la publicité sans la spécialité est une œuvre insuffisante.

CHAPITRE DEUXIÈME

Section I. — Droit Grec

Les formalités de publicité de l'hypothèque en droit grec conduisaient, là où elles existaient, à la spécialité du gage hypothécaire (1) ; mais elles n'existaient que dans certaines contrées de la Grèce, et, en général, l'hypothèque était valable par simple pacte, indépendamment de toute publicité.

Néanmoins, malgré cette absence de publicité, bien qu'on ne trouve trace d'aucune règle législative imposant la spécialité de l'hypothèque, et que les plaidoyers de Démosthènes révèlent l'existence de constitutions d'hypothèques générales, il semble que l'usage était plutôt de constituer des hypothèques spéciales. On ne trouve en effet dans les inscriptions qu'un seul exemple d'hypothèque

1. A Cyzique, la constitution d'hypothèque devait être publiée par un héraut pendant cinq jours consécutifs. A Ténos et à Myconos, il existait des registres fonciers où l'on mentionnait les actes juridiques concernant tous les fonds de terre. En Attique, la publicité résultait des ὄροι, tablettes de bois fixées sur la maison, ou stèles de pierre plantées sur le champ hypothéqué, et portant : le nom du créancier et celui du débiteur, l'indication du montant de la créance garantie, et de l'objet hypothéqué ; mais cette formalité d'usage ne paraît pas avoir été juridiquement indispensable à la validité de la convention hypothécaire.

générale (1) ; toutes les autres inscriptions se réfèrent à des hypothèques spéciales.

On en peut trouver deux raisons.

La première tient à l'absence d'hypothèque légale dans le droit grec, qui ne connaissait que deux sources d'hypothèques : la convention et le testament (2). L'hypothèque légale, très souvent générale par suite de la difficulté pour le législateur de déterminer l'étendue de la créance à garantir et celle du gage hypothécaire, habitue les esprits à ce genre de sûreté indéterminé et contribue à en répandre l'usage.

La seconde, de beaucoup plus importante, tient à la nature particulière de l'hypothèque grecque et aux très graves inconvénients qu'elle entraînait pour le débiteur.

L'hypothèque se présente en effet en droit grec, du moins jusqu'à une époque assez avancée, avec un caractère absolument différent de celui de l'hypothèque romaine ou française. Elle affecte la forme d'une clause de forfait, attribuant de plein droit la propriété de la chose hypothéquée au créancier non remboursé à l'échéance, sans qu'il puisse rien réclamer au débiteur s'il n'est pas ainsi complètement désintéressé, mais aussi sans qu'il soit tenu de lui rembourser quoi que ce soit, si la valeur de la chose hypo-

1. A Ténos, un mari consent une hypothèque sur tous ses biens, pour assurer à sa femme la restitution de sa dot. On a cité, comme un autre exemple d'hypothèque générale, une inscription de l'île d'Amorgos, relative à un emprunt contracté par la ville d'Arkésiné ; mais beaucoup d'auteurs ne voient dans cette inscription qu'une clause exécutoire et non une constitution d'hypothèque.

2. On a prétendu qu'à Ephèse, la femme avait hypothèque légale sur les biens de son mari, et le mineur sur ceux de son tuteur ; mais beaucoup d'auteurs ne voient dans les exemples cités que des hypothèques conventionnelles.

théquée dépasse celle de la créance impayée. En un mot, c'est une dation en paiement conditionnelle, et non une sûreté.

De là découle toute une série de conséquences dont la plus importante est que le débiteur, tout en demeurant jusqu'à l'échéance propriétaire et possesseur de la chose hypothéquée, voit son droit de propriété singulièrement restreint, car il ne peut aliéner la chose sans le consentement du créancier — consentement qui d'ailleurs n'implique pas renonciation à l'hypothèque — et il ne peut, sans ce consentement, constituer sur la même chose, éventuellement engagée pour la totalité, une seconde hypothèque.

On comprend qu'en présence d'une telle convention, qui dépouillait le débiteur, éventuellement, mais à forfait, de sa propriété, celui-ci devait être très peu disposé à accorder au créancier une hypothèque générale ; une dation en paiement ne se conçoit guère que pour un ou plusieurs biens déterminés (1).

1. Ce caractère particulier de l'hypothèque grecque, avec ses graves inconvénients pratiques, explique que, à la différence de ce qui s'est passé à Rome et en France, elle n'a pas supplanté les autres formes de sûreté réelle, à peine plus imparfaites qu'elle-même, et qu'elle a coexisté avec la vente à réméré πρᾶσις ἐπὶ λύσει et le gage ἐνέχυρον. Elle fonctionnait pour les meubles et pour les immeubles, mais seulement dans les cas où la dépossession du débiteur eût présenté de trop grandes difficultés pratiques. Son usage était donc très restreint ; et, si l'on consulte les inscriptions, bien qu'on trouve exceptionnellement quelques exemples d'hypothèques constituées pour assurer le remboursement d'un prêt ou le paiement d'une dot, on peut dire que normalement l'hypothèque ne fonctionne que dans trois cas : 1° pour garantir le remboursement de la dot apportée par la femme ; 2° pour garantir le payement du loyer ou fermage en cas de baux des biens d'un mineur, d'une cité ou d'un temple ; 3° pour garantir le remboursement d'un prêt à la grosse.

Chereau   2

Plus tard, à la suite d'une série de transformations dont il ne nous appartient pas de suivre l'histoire, vers le premier siècle avant notre ère, l'hypothèque grecque perdit son caractère primitif de forfait pour se rapprocher de l'hypothèque moderne, par l'adjonction de clauses permettant soit au créancier d'exiger l'excédent s'il n'était pas complètement désintéressé par l'attribution du gage hypothécaire, soit au débiteur d'exiger le paiement de la différence, si ce gage dépassait le montant de la créance impayée. Il en est résulté pour le débiteur le droit de consentir une seconde hypothèque sur l'excédent de valeur, et nous avons dans les inscriptions des exemples de choses ainsi hypothéquées à deux créanciers ; mais il ne paraît en être résulté aucun changement au point de vue de la spécialité de l'hypothèque.

Section II. — Droit romain.

C'est le droit romain qui a organisé la théorie de l'hypothèque avec ses deux caractères distinctifs que nous retrouvons en droit moderne : 1° d'être non pas une dation en paiement, mais une garantie, c'est-à-dire, un droit accessoire ; 2° d'être une garantie réelle, c'est-à-dire, de conférer au créancier un droit réel sur la chose d'autrui.

L'hypothèque conventionnelle à Rome est née spéciale, mais elle s'est promptement transformée en hypothèque générale. Pour comprendre ce double fait, il est nécessaire de résumer brièvement l'histoire de la création de l'hypothèque romaine.

Les sûretés réelles qui existaient auparavant en droit romain étaient l'aliénation fiduciaire (*fiducia cum creditore*) qui faisait passer au créancier la propriété de la chose affectée à sa garantie, et le gage (*pignus*) qui ne lui en faisait passer que la possession. L'une et l'autre avaient l'inconvénient de priver le débiteur de l'usage et de la jouissance de la chose, et aussi celui de l'empêcher, quelle que fût la valeur de la chose, de la donner en garantie à plus d'un créancier. La pratique imagina un expédient pour remédier au premier de ces deux inconvénients : le créancier rétrocédait à titre de précaire la possession de la chose au débiteur.

C'est du pignus, ainsi complété par une rétrocession à titre de précaire, que devait sortir l'hypothèque. L'innovation consista à supprimer la double formalité de la mise en possession du créancier et de la rétrocession, et à convenir que la seule convention des parties aurait même efficacité que ce double transfert. Elle fut réalisée vers le début de l'Empire, pour le cas où cette double transmission de possession était la plus gênante : celui d'un propriétaire foncier habitant Rome et donnant à des colons ses terres situées en province : le colon convenait d'affecter à la garantie de la redevance promise son matériel d'exploitation agricole, ses invecta et illata. Le prêteur Salvius sanctionna ce pacte par un interdit autorisant le propriétaire non payé de la redevance à se faire mettre en possession des invecta et illata. Le préteur Servius compléta cette œuvre en donnant au propriétaire dans ce même cas une action réelle, opposable même aux tiers détenteurs. L'hypothèque conventionnelle était née. Elle était spéciale puisqu'elle ne s'appliquait qu'aux invecta et illata et non aux autres biens du colon débiteur. L'apparition de nouveaux caractères n'allait pas tarder à la rendre générale.

L'hypothèque, qui, d'après son origine même, n'était qu'un gage différé, et permettait seulement au créancier non payé à l'échéance de se faire mettre en possession de la chose hypothéquée, lui donna bientôt un autre droit, plus efficace encore, celui de faire vendre, d'imputer le montant de la créance sur le prix de vente, et de remettre le reste au débiteur. Ce droit fut d'abord concédé au créancier par une clause du contrat *(pactum de distrahendo)* ; puis, cette clause, devenue de style, fut sous entendue. Ainsi l'hypothèque devenait applicable à tout objet, meuble ou immeuble, susceptible d'être vendu.

Elle était d'ailleurs beaucoup moins gênante pour le débiteur que les anciennes sûretés réelles: elle lui laissait, jusqu'à l'échéance, la propriété, la possession et l'usage de la chose ; elle lui permettait de l'aliéner ou de la grever de servitudes ou d'hypothèques nouvelles sans le conseutement du créancier, et, à l'échéance, en cas de vente par le créancier impayé, elle assurait au débiteur l'excédant de valeur de la chose.

Elle n'avait qu'un seul défaut, mais il était des plus graves, et suffisait à détruire dans la pratique la plus grande partie des effets heureux d'un système si habilement combiné : c'est l'absence complète de publicité, et, par suite, l'impossibilité pour le créancier qui demande une hypothèque de savoir s'il sera ou non le premier en date.

Ces observations faites, il est facile de comprendre comment l'hypothèque conventionnelle romaine, née spéciale, est devenue générale, et d'en discerner les causes.

La possibilité d'hypothéquer tout bien susceptible d'être

vendu, sans déplacement de la possession, permettait au débiteur de grever d'hypothèques non seulement des biens individuellement déterminés, mais encore tous ses biens présents et tous ses biens à venir ; en un mot, de constituer une hypothèque générale portant sur l'ensemble de son patrimoine, chose impossible à concevoir avec le gage ou l'aliénation fiduciaire. En Grèce, l'intérêt du débiteur l'avait retenu sur cette pente dangereuse, il en fût autrement à Rome où l'hypothèque n'occasionnait aucune gêne présente au débiteur.

Gaïus signale la clause hypothéquant tous les biens présents et à venir du débiteur, comme une clause usuelle « *quæ cottidie inseri solet cautionibus* » (1). « *Omnia quæ habes et habiturus sum* » disait-on. Cette convention ne tarda pas à devenir une clause de style, à tel point que Justinien trancha le doute qui pouvait résulter de certaines formules, telles que « *res meas suppono* » dans le sens de la constitution présumée des biens à venir (2). Ainsi l'hypothèque conventionnelle était le plus souvent générale au grand détriment du débiteur et du crédit public. Elle comprenait alors tout le patrimoine du débiteur, envisagé comme universalité juridique, c'est-à-dire, ses biens présents et ses biens à venir. Mais cet effet général s'arrêtait à la personne du débiteur ; sa mort déterminait définitivement la composition du patrimoine grevé, et les autres biens de son héritier n'étaient jamais atteints par l'hypothèque (3). On exceptait d'ailleurs de l'hypothèque générales les choses indispensables pour les besoins journaliers

---

1. Digeste, livre XX, titre 1, *De pign.*, loi 15, frag. 1 (Gaïus).
2. Code, livre VIII, titre 17, *Quæ res pign.,* loi 9.
3. Digeste, livre XX, titre 1, *De pign.*, loi 29, pr.

du débiteur, et celles qu'il n'aurait vraisemblablement pas comprises dans une hypothèque spéciale (1). Il va de soi d'ailleurs, qu'à raison du droit de suite dont l'hypothèque est armée, elle suivait les fluctuations du patrimoine en saisissant les nouveaux biens au fur et à mesure de leur entrée dans ce patrimoine, sans cesser de frapper les biens qui en sortaient ; à moins cependant que le créancier n'eût concouru à l'aliénation faite par le débiteur : ce concours, inutile pour la validité de l'aliénation, ne pouvant s'expliquer que par une renonciation à l'hypothèque.

Il ne faudrait cependant pas se représenter l'hypothèque conventionnelle romaine comme notre hypothèque judiciaire ou notre hypothèque légale de la femme mariée, frappant l'ensemble du patrimoine du débiteur, sans désignation spéciale d'aucun bien particulièrement affecté. Sans doute, il en pouvait être ainsi quelquefois. Mais le plus ordinairement l'hypothèque était en quelque sorte double, spéciale d'abord, en ce qu'elle grevait certains biens spécialement déterminés du débiteur, générale ensuite, en ce que, à côté et en outre de ces biens, elle grevait tous les autres biens présents et à venir du débiteur (2). Ce caractère se traduisait dans la pratique par la règle suivante édictée par un rescrit de Sévère et de Caracalla (2) : le créancier ne pouvait agir contre le débiteur

1. Digeste, livre XX, titre 1, *De pign.*, lois 6, 7, 8 et 9, pr. ; Code, Livre VIII, titre 17, *Quæ res pign.*, loi 1.

2. Gaïus est formel sur ce point : « ... ad illam... (conventionem pertinet) quæ cottidie inseri solet cautionibus, ut specialiter rebus hypothecæ nomine datis, cætera etiam bona teneantur debitoris, quæ nunc habet, et quæ postea adquisierit, perinde atque si specialiter hæ ræ fuissent obligatæ » (Digeste, livre XX, titre 1. *De pign.*, loi 15, frag. 1).

3. Code, livre VIII, titre 14, *De pign.*, loi 2 ; Code, livre VIII, titre 28, *De distractione pign.*, loi 9.

d'un objet grevé de l'hypothèque générale qu'après avoir poursuivi lo détenteur de l'objet grevé de l'hypothèque spéciale, c'est-à-dire de l'objet spécialement désigné au contrat avant la clause de style d'affectation générale, et en cas seulement d'insuffisance ; c'est ce qu'on appelle le *beneficium excussionis realis.*

Cette remarque nous donne la clef de l'évolution qui a transformé l'hypothèque conventionnelle romaine de spéciale en générale. Si le créancier ne se contentait pas de l'hypothèque spéciale que lui offrait le débiteur, s'il exigeait en outre et à côté une hypothèque générale grevant tout le patrimoine de celui-ci, c'est qu'il craignait l'insuffisance de l'hypothèque spéciale à lui offerte, et cela, parce que le défaut total de publicité des hypothèques lui rendait tout contrôle impossible et ne lui permettait pas de savoir s'il viendrait en rang utile sur le bien proposé. Telle est, sans aucun doute, la principale raison de la pratique de l'hypothèque générale ; on en pourrait signaler d'autres, comme l'habitude que les hypothèques légales donnèrent aux Romains du principe de la généralité, comme l'imprévoyance du débiteur en présence d'une convention qui, pour le moment, ne lui causait aucune gêne. Ces motifs ont eu une certaine influence ; ils sont certainement secondaires en comparaison du premier. La généralité de l'hypothèque conventionnelle a été, à Rome, la conséquence de sa clandestinité.

A côté de l'hypothèque conventionnelle et testamentaire, Rome a connu l'hypothèque légale, celle qui naît de la loi ou de la coutume. Nous trouvons en droit romain l'hypothèque légale dans presque tous les cas où, dans notre droit, existent soit des hypothèques légales, privilégiée

ou non, soit des privilèges spéciaux sur les meubles. Et le
génie romain a, du premier coup, opéré. au point de vue de
la spécialité du gage hypothécaire, une classification très
rationnelle des hypothèques légales, spécialisant à certains
meubles ou immeubles celles qui garantissaient une créance
née à l'occasion de ces meubles ou immeubles et que la loi
protégeait à raison de la nature de la créance ; généralisant au contraire et faisant porter sur l'ensemble du patrimoine celles qui garantissaient des créances que la loi
protégeait à raison de la qualité du créancier.

Voici. en nous plaçant dans le dernier état du droit romain (époque de Justinien), la liste des hypothèques légales :

Hypothèques légales spéciales.	*Hypothèques légales générales.*
Hypothèque du locateur d'un fonds urbain sur les meubles du locataire, pour garantie de toutes les obligations dérivant du contrat de louage (Cf., C. c. art. 2102-1°).	Hypothèque légale du fisc : 1° sur les biens de ses débiteurs contractuels ; 2° sur les biens de ses agents ; 3° sur les biens des contribuables pour le recouvrement des impôts directs (privilégiée en ce qui concerne les 1er et 3e chefs (Cf., 2121, al. 4).
Hypothèque du bailleur d'un fonds rural sur les fruits (Cf., 2102-1°).	Hypothèque des églises sur les biens des emphytéotes, en raison des dégradations par eux commises.
Hypothèque du capitaliste qui a prêté de l'argent pour reconstruire un édifice détruit (Cf., 2103-5°).	Hypothèque des impubères, mineurs et fous sur les biens de leurs tuteurs ou curateurs pour le recouvrement de toutes leurs créances (Cf., 2121, al. 3).
Hypothèque du pupille sur les biens achetés de ses deniers par son tuteur ou par un tiers.	Hypothèque de la femme sur les biens du mari pour le recouvre-
Hypothèque du légataire sur les biens de la succession (Cf., 1017, al. 2).	

Hypothèques légales spéciales.   *Hypothèques légales générales.*

ment de la dot, des biens parapher-
naux mentionnés au contrat de mariage, et de la donation *propter
nuptias* (privilégiée en ce qui concerne le 1er chef) (Cf., 2121, al. 2),

Hypothèque du mari pour assurer le paiement de la dot sur les
biens de celui qui l'a promise.

Hypothèque sur les biens du con-
joint survivant qui a reçu un legs
sous la condition de ne pas se re-
marier.

Section III. — Ancien droit français.

I

L'hypothèque ne paraît pas s'être établie en Gaule avec
la domination romaine ; il semble qu'elle n'a pas fonc-
tionné dans la partie occidentale de l'empire romain. Elle
a été introduite dans notre droit coutumier vers le treizième siècle, époque de la renaissance du droit romain,
par une imitation de ce droit, non pas dans le but de créer
une sûreté réelle, mais bien plutôt dans celui de remédier
dans un esprit d'équité à une lacune de nos règles de procédure sur l'exécution.

Dans la Gaule romaine, comme à Rome même, les
créanciers avaient pour gage commun tous les biens meubles ou immeubles de leur débiteur, et pouvaient, en cas
d'insolvabilité de celui-ci, les saisir et vendre pour s'en

distribuer le prix. Les peuplades germaniques apportè-
rent, dans leurs invasions, un principe tout différent : les
meubles seuls, à l'exclusion des immeubles, pouvaient être
saisis par le créancier non payé.

Cette règle, applicable, en tant que règle de procédure, à
tous les habitants de la Gaule sous la domination bar-
bare, quelle que fût leur nationalité, passa du droit méro-
vingien à celui des capitulaires carolingiens (1), et se retrouve encore vivante dans notre droit coutumier, aux
premiers siècles de la féodalité. Elle s'explique d'ailleurs,
suivant les époques, par des motifs différents qu'il ne nous
appartient pas d'exposer ici.

Pour logique qu'elle fût et en harmonie avec l'ensemble
du régime féodal, cette règle n'en avait pas moins des conséquences très fâcheuses et contraires à l'équité. Des remèdes y furent de bonne heure apportés. Les uns consis-
taient en une simple affectation des revenus immobiliers à
l'extinction de la dette ; d'autres, en des moyens de con-
trainte par lesquels on amenait le débiteur insolvable à
l'échéance à sacrifier sa propriété foncière en la vendant
ou en la donnant *in solutum* au créancier ; on en arriva
enfin, mais avec beaucoup de difficultés et de réserves, et
dans certaines coutumes seulement, à l'expropriation forcée de l'immeuble (2).

1. Ils prévoient aussi le cas d'une procédure par défaut aboutissant à
une *missio in bannum* et à la confiscation de tous les biens meubles et
immeubles du débiteur au profit du fisc qui désintéressait les créanciers
à due concurrence ; ce résultat n'est en rien comparable à une saisie
immobilière faite par les créanciers, et ne saurait être étendu au cas de
procédure contradictoire.

2. *Assises de Jérusalem*, livre de Jean d'Ibelin. Beaumanoir et Bouteiller disent que seul le « baron », c'est-à-dire le souverain, avait ce
pouvoir exorbitant.

Mais le remède le plus simple et le plus conforme à l'esprit du temps, respectueux avant tout de la volonté du
débiteur, c'était de faire consentir celui-ci par avance, au
moyen d'une clause accessoire du contrat, à la vente de ses
immeubles en cas de non paiement à l'échéance. Cette
clause, nécessaire dans les coutumes qui n'avaient pas
admis l'expropriation forcée, utile dans les autres par les
grandes simplifications de procédure qu'elle offrait, s'in-
troduisit dans la pratique vers le treizième siècle ; et l'on
donna le nom d' « obligation » au contrat qui la contenait,
réservant l'ancien nom de « convenance » à la promesse
de payer où elle ne se trouvait pas. Le nom donné à cette
clause, aussi bien que l'époque où elle se répandit, indique
clairement son origine : les praticiens l'empruntèrent à
l'obligatio, c'est-à-dire à l'hypothèque romaine.

Elle ne constituait cependant pas une clause hypothécaire ; elle augmentait le gage du créancier, mais elle ne
changeait pas la nature de son droit sur ce gage ; elle ne
lui conférait ni droit de suite, ni droit de préférence.
Mais, si tel était le caractère primitif de l'obligation, il ne
tarda pas à se modifier. Il nous faut suivre de près cette
évolution qui transforma l'obligation en hypothèque ; son
étude fait comprendre pourquoi cette obligation, cette
hypothèque de notre ancien droit, fut d'abord spéciale et
devint ensuite générale.

II

L'obligation pouvait, au treizième siècle, être générale
ou spéciale (1), générale si le débiteur avait engagé tous

1. Beaumanoir, titre XX, 12.

ses biens « meubles et non meubles », spéciale, s'il avait engagé tous ses biens meubles et un immeuble détermiué. Les effets de ces deux clauses étaient tout différents : tandis que la première conserve son caractère primitif, la seconde altère rapidement le sien pour acquérir celui d'une sûreté réelle, d'une véritable clause hypothécaire. Et cette différence s'explique très naturellement, par une interprétation de la volonté des parties. Si le créancier, pouvant exiger l'obligation générale, c'est-à-dire l'affectation éventuelle de tous les immeubles du débiteur, s'est contenté de l'obligation spéciale, il a restreint son droit pour le rendre plus énergique ; il a voulu regagner en intensité ce qu'il perdait en étendue. Il n'a désigné qu'un immeuble, mais il a entendu que cet immeuble ne pût échapper à sa garantie ni en passant en d'autres mains, ni par suite du concours des autres créanciers. Ainsi le droit de suite et le droit de préférence s'affirmèrent rapidement comme des conséquences de l'obligation spéciale, qui devint une véritable hypothèque (1). L'obligation générale, au contraire, n'entraînait pas du tout à cette époque le droit de préférence (2), et elle n'entraînait le droit de suite que dans des limites fort restreintes : à l'encontre d'un acquéreur à titre gratuit (car le débiteur, ayant engagé ses immeubles, commettait un véritable dol en les faisant disparaître de son patrimoine sans équivalent) mais non à l'encontre d'un acquéreur à titre onéreux. Un passage de Bouteiller mon-

1. L'obligation spéciale entraînait le droit de préférence, non seulement comme conséquence du droit de suite, lorsque, l'immeuble obligé ayant été vendu, le créancier à obligation spéciale pouvait seul attaquer le tiers acquéreur, mais aussi lorsque l'immeuble obligé était encore aux mains du débiteur.
2. Beaumanoir, XXXIV, 51.

tre clairement la différence des deux sortes de clauses au point de vue du droit de préférence : « Se aucuns biens appartenant à un debteur sont baillés à plusieurs créanciers, à tort les requièrent estre leurs, s'ainsi n'est qu'ils soient obligez espécialement ; car, autrement, s'il y a autres créanciers, sachez qu'ils auront recours aussi bien à ces biens et conviendra qu'ils soient convertis à tous les créanciers si avant qu'ils dureront. »

En résumé, si nous nous plaçons à la fin du treizième siècle et au commencement du quatorzième, nous trouvons dans notre droit une « obligation générale » qui n'est pas une hypothèque, et une « obligation spéciale » qui est une hypothèque. L'hypothèque a donc, en France, commencé par être spéciale.

Ajoutons, pour compléter la physionomie de l'hypothèque à cette époque, qu'elle était publique (1), ne portait que sur des immeubles ; qu'elle n'était jamais sous entendue, mais ne pouvait résulter que d'une clause formelle d'obligation, et enfin que cette clause pouvait aussi bien être insérée dans un acte non authentique que dans un acte authentique, voire même dans un contrat verbal vérifié par la preuve testimoniale. Il ne rentre pas dans notre sujet de développer ces différents points.

_____

1. La publicité de l'hypothèque venait de la nécessité pour le créancier de se faire « ensaisiner ou investir » par le seigneur de son débiteur : l'existence du lieu féodal ne permettait pas à celui qui avait reçu une terre en fief, tenure ou censive, de constituer sur cette terre aucun droit réel sans l'assentiment de son seigneur.

III

L'obligation générale devait perdre à son tour son caractère primitif de simple obligation personnelle pour devenir, elle aussi, une véritable hypothèque, comportant droit de préférence et droit de suite. Il est assez difficile de préciser les causes de cette transformation. L'habitude de comprendre les immeubles dans le gage des créanciers avait fait perdre de vue les moyens détournés par lesquels, étant parti d'un principe tout opposé, on était arrivé à ce résultat ; n'apercevant plus l'utilité première de la clause d'obligation générale, force fût de lui en chercher une autre. L'influence du droit romain s'était considérablement accrue ; la similitude de nom entre l'obligation générale du treizième siècle et l'obligation générale ou hypothèque du droit romain conduisit à une confusion entre ces deux institutions, entre l'obligation personnelle et l'obligation réelle et fit attribuer à la première les droits de suite et de préférence caractéristiques de la seconde.

Quoi qu'il en soit, le résultat de cette évolution est absolument précis et indiscutable ; il est acquis dans le courant du quatorzième siècle. « Si aucune chose ou héritage est obligié à aucun en espécial ou en général, et le débiteur vent icelle chose à autre ou la transporte en autre obligacion présent le créditeur, si le créditeur ne fait protestacion et sauvacion de la raison de son obligacion qui est première, il est veu soy consentir taisiblement à celle derrenière obligacion et est la soe première estaincte de droit quant à la chose obligiée ; mais s'il en fait protestacion, non (1) ».

1. Livre des droitz et commandemens d'office de justice, tome II, n° 690 p. 155. « De leisser perdre par sa faute le droit de son obligacion. »

Cependant à cette époque subsiste encore une différence importante entre les effets des deux sortes d'obligations. Si un créancier à obligation spéciale se trouve en concours avec un créancier à obligation générale, c'est le premier qui l'emporte, quand même son contrat serait postérieur en date (1). Cette différence ne tarda d'ailleurs pas à disparaître.

A la fin du seizième et au commencement du dix-septième siècle, on ne trouve plus que quelques traces de la supériorité de l'hypothèque spéciale sur la générale. Dumoulin formule enfin l'équivalence complète de ces deux hypothèques (2). Plus tard, dans son commentaire sur la coutume de la Rochelle (3), Valin expose que « autrefois on distinguait l'hypothèque spéciale de la générale....., mais il y a si longtemps que cela est changé, que..... il n'y a plus absolument aucune différence entre l'hypothèque générale et la spéciale, si la créance n'est privilégiée, et ceux-là s'abusent qui s'imaginent qu'en faisant affecter spécialement un bien dans un contrat de constitution de rente, ils acquièrent par cette précaution plus de droit et plus de sûreté pour leur rente que par la simple affectation générale des biens du débiteur. »

Ainsi, vers la fin du seizième siècle, nous nous trouvons en présence de deux variétés d'hypothèques : l'une générale, l'autre spéciale. Allaient-elles coexister ?

---

1. Bouteiller, *Somme rurale*, 1, 25. Très ancienne coutume de Bretagne, ch. 308, Bourd. de Rich., IV, 273 ; Coutume de la Ville et septième de Bourges, ch. 155, Bourd. de Rich., III, 895, 6 ; Livre des droiz, tome II, p. 10, nº 321.

2. « Regulariter tantum operatur generalis hypotheca quantum specialis, » Cout. de Paris, art. 43 nouveau, glose 1, nº 96.

3. Edition de 1778, tome III, p. 402.

IV

L'hypothèque générale ne devait pas tarder à supplanter l'hypothèque spéciale, à tel point qu'aux dix-septième et dix-huitième siècles, on peut dire que l'hypothèque conventionnelle se présente presque toujours dans la pratique comme générale.

Que les créanciers aient préféré l'hypothèque générale à la spéciale, du jour où les effets de la première ont été aussi énergiques que ceux de la seconde, cela n'a rien que de naturel : ils y trouvaient un gage plus étendu et se débarrassaient des règles gênantes sur le droit de discussion. Mais il peut paraître surprenant que les débiteurs aient si facilement sacrifié leur propre intérêt et consenti aux exigences des créanciers. On en peut trouver deux motifs, dont le second surtout nous paraît avoir eu la plus grande influence.

Le premier motif, c'est que l'hypothèque est devenue occulte. Elle n'exigeait plus, sauf dans les pays dits de nantissement, qui formaient à cet égard un droit d'exception, l'intervention du seigneur, la mise en gage ou ensaisinement du créancier par le seigneur ou l'autorité locale : ce changement semble dû surtout au relâchement du lien féodal. La clandestinité de l'hypothèque eût ici, pour les mêmes raisons, le même effet qu'à Rome : elle rendit le créancier plus exigeant ; elle força le débiteur à lui offrir un gage d'autant plus étendu qu'il était moins sûr.

Le second motif, c'est que l'hypothèque est devenue tacite. A force de voir le clause hypothécaire exprimée dans les contrats, on finit par la sous-entendre, et l'on admit, contrairement aux règles du droit romain, que tout contrat susceptible de contenir une clause hypothécaire (1) produirait cette hypothèque par lui-même et indépendamment de toute stipulation expresse. Qu'il y ait là un autre résultat de la confusion déjà signalée entre l'obligation personnelle et l'*obligatio bonorum*, cela n'est guère douteux, et cette jurisprudence des praticiens n'alla pas sans soulever de vives protestations ; le président Favre la combat encore énergiquement au dix-septième siècle, d'ailleurs sans succès. L'origine de cette règle est attestée par Loyseau (2) et par Basnage : « C'est un usage général et certain que toute obligation reconnue emporte hypothèque sans autre stipulation, suivant cet ancien proverbe ; « Qui s'oblige oblige le sien » (3). Son résultat était de transformer l'hypothèque conventionnelle en une véritable hypothèque légale attachée de plein droit à certains actes. L'hypothèque étant tacite, ne pouvait qu'être générale ; naissant dans le silence même du contrat, rien ne pouvait la spécialiser. Les parties auraient pu, il est vrai, insérer dans un acte authentique une clause restreignant l'hypothèque à tel immeuble déterminé : il ne semble pas qu'elles aient beaucoup usé de cette faculté.

Ainsi, dans le dernier état de notre ancien droit, l'hypothèque conventionnelle était générale parce qu'elle était clandestine et surtout parce qu'elle était tacite.

1. Le principe dont nous avons constaté l'existence à la fin du xiiie siècle, suivant lequel la constitution d'hypothèque peut être contenue dans tout contrat, a été remplacé vers la fin du xvie siècle par celui ci : la constitution d'hypothèque ne peut être contenue que dans un acte authentique, ou dans un contrat sous seings privés authentiqué en justice par reconnaissance ou vérification d'écriture.

2. Loyseau, *Du déguerpissement*, l. III, chap. Ier, n° 5.

3. Basnage, *Traité des hypothèques*, n° 30.

V

Les inconvénients de la généralité des hypothèques ne paraissent pas avoir frappé les esprits dans l'ancien droit, et l'on ne peut signaler aucune tentative de réforme qui ait eu pour but direct d'y remédier. Il en fût autrement de la clandestinité des hypothèques à laquelle Colbert chercha à porter remède par son édit de 1673. Si cette tentative avait réussi, elle aurait, dans une certaine mesure, atténué les inconvénients de la généralité en obligeant à spécialiser l'hypothèque pour la rendre publique et opposable aux tiers. Mais l'édit rencontra une vive opposition de la part des « grands de la Cour » qui avaient, pour la plupart, dit Colbert, « plus de dettes que de biens, et ne trouveraient plus de ressources dès que leurs affaires seraient découvertes ». Ils cabalèrent si bien que l'édit fut rapporté en avril 1694 (1).

VI

L'hypothèque resta donc, dans notre ancien droit, générale et occulte. Cependant, quelques provinces, dites pays

1. On cite quelquefois, à tort selon nous, d'autres tentatives qui auraient été faites dans le but de remédier à la clandestinité de l'hypothèque. En réalité, ces réformes ou essais de réformes avaient un tout autre but. L'édit de 1581 de Henri III soumettait au contrôle tout contrat constitutif ou translatif de droit réel ; mais il n'assurait aucune publicité de ces contrats, parce que les registres du contrôle ne pouvaient être communiqués qu'aux préposés de la Ferme et aussi parce que le contrat pouvait être contrôlé au lieu où il avait été passé, même si ce n'était pas le lieu de la situation du bien hypothéqué. De même la procédure de décret volontaire et celle des lettres de ratification n'impliquent aucune publicité des hypothèques au moment de leur constitution.

de nantissement, avaient su conserver le régime dont nous avons constaté l'existence dans toute la France au treizième siècle : celui qui, inspiré par la pure féodalité, avait pour résultat la spécialité et la publicité de l'hypothèque. Ces coutumes de nantissement étaient celles de Picardie, d'Amiens, de Vermandois, de Ponthieu, de Cambrésis, de Péronne, de Valois et de Boulonnais.

Le nantissement tirait son origine du lien féodal et de l'impossibilité pour le tenancier d'un fief ou d'une censive de consentir aucun droit réel sur cette terre sans le consentement du seigneur de qui il la tenait. Les formes en ont varié suivant les époques. Vers le seizième siècle, il consistait en une reconnaissance ou déclaration du contrat faite par les parties devant les officiers du seigneur ou les juges royaux (1) et dans l'enregistrement de cette reconnaissance sur un registre public tenu par le greffier du lieu. Cette publicité était nécessairement spéciale ; il fallait désigner de façon précise l'immeuble soumis à l'hypothèque. Comme cette publicité, ainsi que la déclaration même faite devant le juge, n'étaient que la reproduction du contrat, celui-ci devait également satisfaire au principe de la spécialité. La coutume de Cambrai (titre V, art. II) s'exprime à ce sujet dans les termes suivants : « Toutes aliénations et hypothèques d'héritages, faites par devoirs de loy, sous une généralité, sont de nulle valeur pour porter effet, si les pièces de terre ou héritages ne sont spécifiées ou désignées particulièrement, par aboutissans et tenans, ou par autre désignation certaine et spéciale équipollente. » Cette désignation certaine et spéciale devait

_____

1. Coutume de Péronne, art. 264.

exister dans le contrat aussi bien que dans la déclaration et son enregistrement. Ainsi, dans les pays de nantissement, l'hypothèque était à la fois publique et spéciale.

L'édit de juin 1771 abrogea d'ailleurs expressément, en ce qui concerne les hypothèques, « l'usage des saisines et nantissements » et ramena ainsi ces pays au régime hypothécaire de droit commun de la France.

VII

Les hypothèques légales paraissent s'être introduites dans notre ancien droit, à partir du quatorzième siècle, à l'imitation du droit romain, c'est-à-dire tantôt spéciales, tantôt générales, parfois privilégiées, parfois non privilégiées. Voici la liste des principales d'entre-elles.

Hypothèques légales spéciales.
Hypothèque des copartageants.
Hypothèque des légataires.
Hypothèque du constructeur ou de celui qui lui a prêté des deniers (privilégiée).
Hypothèque du vendeur d'office et de son prêteur de deniers (privilégiée).
Hypothèque du vendeur d'immeuble et de son prêteur de deniers (privilégiée) (1).
Hypothèques légales générales.
Hypothèque de la femme sur les biens du mari pour la restitution de sa dot.
Hypothèque du mineur sur les biens de son tuteur pour le reliquat du compte de tutelle.
Hypothèque d'un grand nombre de personnes morales sur les biens de leurs administrateurs comptables.
Hypothèque du fisc sur les biens de son débiteur.
Hypothèque dite judiciaire, attachée de plein droit à tout jugement de condamnation.

Ces diverses hypothèques légales s'étaient d'ailleurs, malgré leur clandestinité et la généralité du plus grand

1. L'hypothèque du vendeur d'immeuble paraît avoir eu dans l'ancien droit le caractère conventionnel, plutôt que légal, car Ferrière dit : « Lorsque le vendeur s'est réservé sur l'héritage une hypothèque pour le

nombre d'entre elles, introduites jusque dans les pays de nantissement.

Section IV. — Droit Intermédiaire et Rédaction du Code civil

L'ancien droit commun n'avait connu la spécialité de l'hypothèque que pendant une période fort restreinte, et, même à ce moment, la spécialité fut un résultat sans être un but ; elle ne fut pas recherchée pour ses qualités propres, pour les divers avantages qu'elle assure au débiteur, au créancier, à la société ; elle découla uniquement des circonstances d'une évolution encore à son point de départ dans les règles de notre procédure. Jamais l'ancien droit ne chercha directement à réaliser la spécialité du gage hypothécaire ; jamais les juristes ne paraissent avoir été frappés des inconvénients de la généralité (1).

Il en est encore de même au début du droit intermédiaire. Les premières réformes ontpour unique but de remédier à la clandestinité de l'hypothèque sans s'occuper de sa généralité. Tel est le décret des 20-27 septembre 1790, applicable seulement dans les pays de nantissement et qui substitue la transcription des contrats d'aliénation ou d'hypothèque

paiement du prix convenu, » mais la loi lui donnait la qualité de privilégiée.

1. Basnage dit notamment : « L'on doutait autrefois si, lorsqu'on obligeait simplement ses biens, sans avoir ajouté ces mots « présents et à venir », ceux que le débiteur acquerrait dans la suite étaient compris dans cette hypothèque générale... Les notaires ne manquent pas d'employer la clause des biens présents et à venir ; quand elle serait omise, on la suppléerait par cette raison que la condition du débiteur n'en devient point plus mauvaise, la dette n'en augmentant point par cette extension de l'hypothèque sur les biens à venir. »

aux anciennes formalités de dessaisine-saisine. Tel est encore le décret du 9 messidor an III, qui supprime l'hypothèque légale et ne laisse substituer que l'hypothèque conventionnelle et l'hypothèque forcée, c'est-à-dire résultant d'un jugement de condamnation ou de reconnaissance d'écriture (art. 7, 10 et 17) : il soumet à la publicité ces deux sortes d'hypothèques. Mais une seule inscription frappe tous les biens du débiteur, présents et à venir, compris dans le ressort du bureau ; mais l'hypothèque conventionnelle résulte de plein droit et sans stipulation spéciale de tout acte public d'obligation ; de même que l'hypothèque forcée de tout jugement de condamnation ou de reconnaissance d'écriture ; mais l'une et l'autre portent sur tout le patrimoine du débiteur (art. 19, 20 et 26). C'est le système de la publicité et de la généralité des hypothèques.

C'est seulement la loi du 11 brumaire an VII qui, la première, s'est occupée de définir et d'organiser, comme un principe distinct de celui de la publicité, la spécialité des hypothèques. On résume souvent son œuvre en disant qu'elle a établi la spécialité et la publicité de toutes les hypothèques ; cette formule est inexacte.

La loi de l'an VII, rétablissant à côté de l'hypothèque conventionnelle et de l'hypothèque judiciaire les hypothèques légales, privilégiées, ou non (art 3), les soumet toutes, sauf exception pour quelques privilèges, à la nécessité d'une inscription (art. 2 et 11). En ce qui concerne l'hypothèque conventionnelle, elle décide que la stipulation d'hypothèque doit indiquer la nature et la situation des immeubles hypothéqués, et ne peut comprendre que des biens présents, et que le bordereau remis au conservateur pour l'inscription reproduira ces énonciations (art. 4 al. 1 ; art. 17, 5°) ; elle consacre donc ici rigoureusement le principe de la spécialité. Il n'en est plus de même en ce qui concerne les hypothèques judiciaires ou légales ; car, d'une part, l'inscription faite à un bureau n'a pas à désigner les immeubles grevés, mais frappe tous les biens présents situés dans le ressort de ce bureau (art. 4 al. 2 et 3) ; et, d'autre part, au moins pour les hypothèques légales, les biens à venir, c'est-à-dire ceux acquis par le débiteur postérieurement à la naissance de l'hypothèque, peuvent en être grevés par une nouvelle inscription prise par le créancier après qu'ils sont entrés dans le patrimoine du débiteur art. 4, al. 4). En un mot, cette loi consacre le système de la publicité pour toutes les hypothèques, celui de la spécialité pour l'hypothèque conventionnelle, et celui d'une généralité plus ou moins complète pour les hypothèques judiciaires ou légales.

Tel était l'état de la législation au moment où fut discuté le projet de Code civil. Cette discussion est intéressante à beaucoup d'égards, et mérite qu'on s'y arrête. Le principe de la spécialité y fût ardemment combattu et ardemment sontenu. On trouve de part et d'autre à peu près tous les arguments qu'on peut faire valoir pour ou contre ce principe, et l'on voit s'en dégager un certain nombre de questions dont l'étude s'offrira à nous au courant de ce travail.

Le projet de la Commission du gouvernement tendait à substituer au régime hypothécaire de la loi de l'an VII, le système de l'ancien droit : hypothèque occulte et générale avec la procédure de purge de l'édit de 1771, résrvant seulement aux parties le droit d'insérer une stipulation contraire.

Le tribunal de cassation, dans ses observations, défendit énergiquement le principe de la spécialité. Il mit d'abord en relief les inconvénients de la généralité (1), et s'attacha ensuite à détruire et à réfuter l'une après l'autre les diverses objections faites contre la spécialité (2).

On est surpris à la fois du nombre et de la puérilité de ces objections : on l'est davantage encore en voyant qu'elles se sont rencontrées non seulement dans la bouche des gens d'affaires qui profitaient « des abus si lucratifs de l'ordre judiciaire, en fait de poursuite, de saisie réelle et d'ordre de créanciers », mais encore dans celle « d'hommes très purs et très éclairés » (3) : le projet de la Commission est en effet signé de MM. Tronchet, Bigot Préameneu, Postalis et Malleville. On peut voir là un exemple frappant de la force de résistance que présente une institution juridique par ce seul fait qu'elle existe, et surtout qu'elle existe depuis longtemps, qu'elle est passée dans les mœurs, dans les habitudes sociales. Les hommes de l'ancien régime et de la Révolution étaient accoutumés de longue date à la généralité de l'hypothèque ; ils en avaient oublié la véritable raison d'être ; ils ne voyaient pas qu'elle était le produit d'une évolution historique et la conséquence d'autres vices du régime hypothécaire (hypothèque conventionnelle tacite et occulte) ; il leur fallait une explication rationnelle de cette généralité qu'une loi toute récente venait, après de longs siècles d'existence, de remplacer par un principe tout opposé.

Nous n'essayerons pas de résumer ici toutes leurs objections contre la spécialité, et de les réfuter ; c'est un travail

1. Cf. ci-dessus la note, p. 12 à 14.
2. Fenet, tome II, p. 618 à 636.
3. Fenet, tome II, p. 617.

qui a souvent été fait depuis que le Tribunal de Cassation l'a pour la première fois entrepris. Nous dirons seulement quelques mots de quelques-unes d'entre elles.

Une de ces objections consiste à dire que l'avantage attendu du régime de la spécialité sera détruit par l'existence d'un grand nombre d'hypothèques légales ou judiciaires générales. C'était peut-être l'objection de toutes la plus fondée. Le tribunal de cassation y répondait que la généralité des hypothèques étant un mal « le plan qui repousse cette généralité doit être constamment maintenu.. qu'il importe peu que certaines créances soient d'une telle nature qu'il faille leur attribuer le droit d'hypothèque ou d'inscription générale ; ce mélange de deux sortes de droits différents n'empêche pas qu'il ne faille tenir essentiellement à la désignation précise du gage dans toutes les occasions où cela est possible; que d'ailleurs, en fait, les hypothèques légales ou judiciaires sont beaucoup moins nombreuses que les hypothèques conventionnelles ». Encore que cette réponse soit juste, et qu'un régime, tel que le nôtre, où une partie seulement des hypothèques est soumise à la spécialité, vaille incontestablement mieux qu'un régime où toutes les hypothèques seraient générales, il n'en reste pas moins une grande part de vérité dans l'objection. La présence d'un grand nombre d'hypothèques générales dans notre droit détruit une bonne partie des avantages économiques et sociaux qu'on est en droit d'attendre de la spécialité des hypothèques. La meilleure réponse à faire à cette objection serait certes de ramener à la spécialité toutes les hypothèques générales que notre législation admet encore : nous aurons plus loin à examiner si cela est possible.

On objectait encore à la spécialité de l'hypothèque les

dangers de perte de l'immeuble spécialement hypothéqué :
nous verrons comment la pratique d'abord, la loi ensuite,
ont complètement fait disparaître ce danger.

Une troisième objection, enfin mérite de retenir l'attention. Elle est ainsi formulée : « Il est dans la nature des
choses que tous les biens d'un débiteur répondent de ses
dettes. Cette règle naturelle s'applique aux biens qui surviennent, comme aux biens présents. Pourquoi donc l'hypothèque ne pourrait-elle pas frapper sur ces biens ? » (1).
Cette objection est susceptible de deux interprétations.
Elle peut signifier qu'il est naturel que toute hypothèque
soit générale, parce que tous les biens d'un débiteur répondent de ses dettes. Si telle est sa portée, il est facile de
voir qu'elle repose sur une confusion entre l'obligation
personnelle qui grève *ipso facto* le patrimoine, la personne
juridique, et l'obligation hypothécaire qui s'ajoute à cette
première, non pas *ipso facto* et par le seul fait de la naissance de la dette, mais en vertu soit d'une convention particulière, soit d'une disposition de faveur de la loi, qui
frappe plus fortement les biens qu'elle atteint, mais n'atteint que ceux que la loi ou les parties ont jugé convenable d'y soumettre. Mais l'objection peut également signifier qu'il est naturel de permettre aux parties de faire
porter, de convention expresse, l'hypothèque sur les biens
à venir comme sur les biens présents. Cette question de
la possibilité d'une hypothèque conventionnelle des biens
à venir mérite un examen approfondi que nous aurons
occasion de faire plus tard (2).

1. Fenet, tome II, p. 628.
2. Ajoutez, comme objections faites contre le principe de spécialité,
celles de la minorité de la Cour de Nimes, lors de l'enquête de 1841. Documents relatifs au régime hypothécaire, tome Ier, p. 64 et suiv.

La section de législation au Conseil d'Etat s'étant, sur cette question de la spécialité des hypothèques, divisée en deux groupes, deux rapports furent faits, l'un par Bigot Préameneu développant les motifs des membres qui adoptaient l'avis de la Commission du gouvernement, l'autre par Réal, développant ceux des membres qui le repoussaient.

Le système du Code fut, dit-on ordinairement, une transaction entre ces deux opinions opposées, celle du retour à l'ancien droit, celle du maintien de la loi de brumaire an VII. C'est là une de ces maximes qui, pour vouloir résumer un système en une formule courte et saisissante, aboutissent à une inexactitude. En ce qui touche la publicité, la formule est juste ; l'ancien droit admettait la clandestinité de toutes les hypothèques, la loi de l'an VII ordonnait qu'elles fussent toutes publiques ; le Code pose en principe que les hypothèques conventionnelles et judiciaires seront publiques, mais que les hypothèques légales seront efficaces sans inscription ; il y a bien là une transaction. Mais il n'en est plus de même en ce qui touche la spécialité.

Si les rédacteurs du Code civil ne l'ont pas appliquée plus rigoureusement que ne l'avait fait la loi de l'an VII, s'ils ne l'ont pas étendue aux hypothèques légales et judiciaires qu'ils ont laissées générales, du moins n'ont ils fait aucun retour en arrière. Bigot Préameneu proposait de revenir sur ce point au système de l'ancien droit, à l'hypothèque conventionnelle générale ou spéciale au choix des parties, et il cherchait à établir d'une part que l'inscription limitée aux biens présents était contraire « au droit de propriété, en en resserrant l'exercice dans des limites qui n'avaient encore jamais été posées » et d'autre part que la spécialité ne procurait pas les avantages qu'on lui attribuait. Il est intéressant de relever à ce propos quelques passages de la réponse que lui fit Treilhard : « Il faut maintenant examiner les objections qu'on lui oppose (à la loi de brumaire an VII)... On objecte en second lieu que le nouveau système n'épargne pas aux parties les frais d'ordre auxquels elles étaient exposées sous l'ancien, puisqu'il y a toujours un ordre. On se trompe : la différence est immense quant aux frais entre un ordre qui s'étendait à tous les biens et qui se faisait avec une foule de créanciers, et celui qui n'a pour objet qu'un seul immeuble et qui n'a lieu qu'entre deux ou trois personnes. On répond qu'un prêteur se contente rarement d'une hypothèque sur un immeuble d'une valeur à peu près équivalente à la somme qu'il donne ; qu'il veut des sûretés beaucoup plus grandes ; qu'ordinairement il exige pour un prêt de dix mille francs un immeuble du prix de cent mille ; qu'ainsi la spécialité ne dispense pas de mettre en vente des biens beaucoup plus considérables que la créance et n'épargne pas aux parties les frais énormes qu'on reproche à l'ancien système. Cette assertion est certainement hasardée. Un créancier ne veut qu'une sûreté suffisante. Il l'obtient dès que la valeur de l'immeuble excède le montant de la créance. Pour un prêt de dix mille francs, il exigerait tout au plus un gage de quinze à vingt mille francs... »

Enfin Réal, dans son rapport, posa la question sous son véritable jour : « Les immeubles entrent dans les transactions soit pour être aliénés, soit pour être affectés au paiement d'une somme prêtée ou à l'exécution d'une obligation. Le but à remplir dans un régime hypothécaire est donc de procurer à ce double genre de transaction la plus grande solidité, sans en altérer l'essence ni en embarrasser la forme. Si l'acquéreur trouve dans votre législation sécurité dans son acquisition, facilité, sécurité dans sa libération....., si le propriétaire d'un immeuble non grevé peut jouir de la totalité du crédit que lui assure sa propriété, si le propriétaire d'un immeuble dont la valeur est affectée à quelque créance trouve dans votre loi le moyen de jouir d'un crédit égal à la valeur dont sa propriété surpasse l'engagement qui la grève....., nous affirmerons..... que, comparée à tout ce qui a précédé en France la loi de brumaire an VII, elle (votre législation) approchera le plus de la perfection et offrira sans aucune comparaison beaucoup moins d'inconvénients » (1).

Sur ce point, Réal devait obtenir gain de cause, et le conseil adopta en principe, à la séance du 19 pluviôse an XII (9 fév. 1804) que l'hypothèque conventionnelle serait toujours spéciale.

Quant aux hypothèques légales, privilégiées ou non, que le Code civil conserva, il suivit sur ce point les errements de l'ancien droit et de la loi de brumaire an VII. Celles qui garantissent des créances prenant naissance à l'occasion de certains immeubles du débiteur furent spécialisées sur ces immeubles (ainsi le privilège du vendeur et celui du copartageant). Les autres restèrent générales, d'abord parce que les circonstances dans lesquelles les créances qu'elles garantissent prennent naissance ne désignent aucun immeuble plus particulièrement destiné à servir de gage hypothécaire ; en second lieu, parce que les plus importantes d'entre elles (hypothèque de la femme

1. Sur toute cette discussion, voir : Locré, tome XVI, p. 107 et suiv.

mariée, du mineur, de l'interdit) garantissent des créances indéterminées (1). Le législateur du Code civil ne paraît pas avoir pensé que cette indétermination n'était pas un obstacle infranchissable ; qu'on pouvait procéder par évaluation, et, ayant ainsi déterminé approximativement la valeur de la créance à garantir, y proportionner le gage affecté à la garantie (2). Dans le doute, il a jugé prudent de faire ce gage aussi étendu que possible ; il a fait porter ces hypothèques sur tout le patrimoine immobilier du débiteur. Il y a là une faute grave ; et pour avoir voulu protéger trop efficacement les incapables, on a compromis le crédit des administrateurs de leur fortune.

Ainsi, le Code civil, en ce qui concerne le principe de spécialité, reproduit dans ses grandes lignes le système de la loi de brumaire an VII : spécialité de l'hypothèque conventionnelle, généralité de l'hypothèque judiciaire ou légale ; il ne le modifie et ne le complète que sur certains points secondaires qu'il est inutile d'indiquer en ce moment. On ne saurait donc dire que le Code ait, sur ce point, consacré une transaction entre le droit intermédiaire et l'ancien droit.

---

1. Cette raison n'existait pas pour l'hypothèque attachée aux jugements de condamnation qui, le plus souvent, déterminent la créance. Cependant on l'a laissée générale. Grenier en donne la raison suivante : « Le créancier a dû compter sur l'acquittement de sa créance, et il n'a pu, seul et sans une convention à laquelle le débiteur aurait dû nécessairement concourir, amener une spécialité d'hypothèque. » Il ajoute que d'ailleurs le débiteur est sauvegardé par la faculté de demander la réduction des inscriptions excessives (Locré, XVI, p. 390-391).

2. « Il y a des cas où cette évaluation (des créances indéterminées ou conditionnelles) ne pourra avoir lieu ni dans l'acte, ni dans l'inscription ; c'est celui de la femme... Un autre cas semblable est celui du tuteur. » Observations du Tribunal de cassation, Fenet, tome II, p. 610.

Il en est de même des diverses réformes partielles que des lois postérieures au Code ont fait subir au titre des privilèges et hypothèques ; elles ont laissé intact, au moins dans ses grandes lignes, le système de la loi de brumaire an VII sur la spécialité du gage hypothécaire. Aujourd'hui encore, et c'est ce qui se dégagera de notre étude, l'hypothèque conventionnelle est soumise à ce principe, les hypothèques légales et judiciaires en sont en partie affranchies.

DEUXIÈME PARTIE

Étude de la législation et de la jurisprudence actuelles.

CHAPITRE PREMIER

HYPOTHÈQUE CONVENTIONNELLE

Nous connaissons les motifs qui ont amené le législateur à édicter la règle de la spécialité de l'hypothèque conventionnelle. Il ne nous reste à étudier que la règlementation de ce principe, telle qu'elle résulte des articles **2129** et **2130** du Code civil.

Ces articles édictent une double règle. En ce qui touche les biens présents, ils obligent les parties à désigner spécialement dans l'acte constitutif de l'hypothèque ceux d'entre eux qui seront soumis à cette hypothèque. En ce qui touche les biens à venir, ils en interdisent normalement l'hypothèque, mais la permettent exceptionnellement en cas d'insuffisance des biens présents. Nous examinerons successivement ces deux règles.

Chereau   **4**

Section I. — Principe de la spécialité appliqué aux biens présents.

La spécialité du gage hypothécaire est, comme nous l'avons vu, une modalité de l'hypothèque ; elle doit donc se trouver réalisée dans l'acte même qui donne naissance à l'hypothèque, c'est-à-dire dans le titre authentique constitutif de la créance, s'il contient la constitution d'hypothèque, ou dans un acte authentique postérieur si c'est par cet acte que l'hypothèque a été ajoutée à la créance. Aussi la loi décide-t-elle à juste titre que c'est dans l'acte constitutif de l'hypothèque que doivent se trouver les énonciations tendant à spécialiser le gage hypothécaire.

Quelles doivent être ces énonciations ?

Il importe ici de bien distinguer deux questions distinctes, quoique voisines et faciles à confondre. La première, la seule qui se pose lorsque les parties ont entendu ne soumettre à l'hypothèque qu'un seul immeuble, est celle de savoir si cet immeuble est suffisamment désigné dans l'acte constitutif pour que son individualité soit bien reconnaissable, pour que le créancier ne puisse pas, après coup, prétendre que l'hypothèque porte sur un autre immeuble. C'est là une question de pur fait, à résoudre par les juges du fond, dont la décision sur ce point échappe à la censure de la Cour de cassation. La seconde, qui se pose en outre de la première, lorsque l'hypothèque porte sur plusieurs immeubles, est celle de savoir si, pour satisfaire au vœu de la loi, une désignation collective des immeubles hypothéqués est suffisante, ou s'il ne faut pas une désignation spéciale de chacun d'entre eux. C'est là une question de droit, puisqu'il s'agit de l'interprétation d'un texte, et la décision des juges du fond sur ce point relève de la Cour de cassation. La Cour suprême, après avoir rendu quelques arrêts qui témoignent d'une confusion entre les deux questions (1), a, dans un arrêt de rejet du 8 avril 1844, nettement définir le domaine de chacune d'elles (2).

Etudions donc successivement l'une et l'autre.

Tout d'abord, en supposant que l'hypothèque ne porte que sur un seul immeuble, quelle désignation en devra être faite dans l'acte constitutif ? Il faut et il suffit que l'immeuble soit nominativement désigné, sans aucun doute possible, quant à sa nature et à sa situation, de manière à ce que ni les parties ni les tiers ne puissent prétendre que l'hypothèque porte sur un autre immeuble. S'il en était autrement, le but de la loi ne serait pas rempli, le crédit du débiteur ne serait pas ménagé, puisque, malgré sa volonté de ne constituer hypothèque que sur tel immeuble, le créancier pourrait, par suite de la désignation insuffisante, prétendre qu'elle porte sur un autre immeuble. Toute désignation qui individualise suffisamment l'immeuble est bonne, quels qu'en soient les termes ; toute autre doit être rejetée. Les tribunaux sont d'ailleurs, comme nous l'avons dit, souverains appréciateurs de la valeur de la désignation qui leur est soumise. Une spécialisation excellente et très usitée dans la pratique consiste, pour les immeubles urbains, à indiquer la commune, la rue et le numéro, pour

1. Cassation, 16 août 1815, S., 1818, 1, 145 ; Cassation, 15 février 1836, S., 1836, 1, 471.
2. *Jo urn al du J alais*, 1844, 1, 573.

les immeubles ruraux, à indiquer la commune, les tenants et aboutissants de la parcelle hypothéquée et son numéro au plan cadastral, si elle y figure. Mais aucune formule n'est sacramentelle, et il a été jugé avec raison que l'erreur dans l'indication du nom de la commune, ou même l'omission de ce nom, pouvait être suffisamment réparée par une indication d'ailleurs précise du domaine hypothéqué (1). Il n'est d'ailleurs pas nécessaire d'indiquer la nature du droit réel (propriété, usufruit, emphytéose) qu'on a sur l'immeuble et qu'on entend grever d'hypothèque (2).

La deuxième question est plus difficile à résoudre. Elle suppose une hypothèque portant sur plusieurs immeubles. Comment devra être faite la désignation dans l'acte constitutif ?

A ne consulter que le texte de la loi, la réponse n'est pas douteuse. L'article 2129 est formel ; il exige « une désignation spéciale de la nature et de la situation de chacun des immeubles sur lesquels le débiteur consent l'hypothèque ». Toute désignation collective sera donc insuffisante. L'esprit de la loi est d'accord avec son texte et en commande une interprétation rigoureuse. En édictant le principe de la spécialité, le législateur a voulu écarter le système des hypothèques générales, avec tous les dangers et les inconvénients qu'il comporte. Autoriser l'affectation collective de tous les immeubles qui appartiennent au débiteur dans un ressort déterminé, commune, canton ou arrondissement — et cette affectation résulte nécessairement de toute désignation qui n'indique pas la nature et la si-

1. Bordeaux, 6 mai 1848, S., 1849, 2, 609.
2. Bourges, 1er février 1831, S., 1831, 2, 253.

tuation de chacun des immeubles grevés — n'est-ce pas tendre à ressusciter les hypothèques générales ? La preuve en est qu'avec ce système, rien ne distinguera souvent dans la pratique, à la lecture d'un état d'inscriptions par exemple, une hypothèque conventionnelle spéciale d'une hypothèque judiciaire ou légale générale.

Et cependant, la jurisprudence, approuvée par quelques auteurs, donne de notre article une interprétation beaucoup moins rigoureuse.

Les Cours d'appel avaient d'abord validé des constitutions d'hypothèques frappant tous les biens du débiteur situés soit dans tel arrondissement, soit dans telle commune, sans autre indication, sans aucune désignation quant à la nature ou à l'espèce des biens hypothéqués (1). C'était trop s'écarter du texte de l'article 2129, et la Cour de Cassation, qui avait d'abord sanctionné cette jurisprudence (2), ne tarda pas à la condamner, et à décider « qu'un acte constitutif d'hypothèque ne renferme pas une désignation suffisante des immeubles hypothéqués, lorsqu'il y est énoncé que l'hypothèque est établie sur tous les immeubles dont le débiteur est propriétaire dans telle commune sans mention de la nature de ces immeubles » (3). Il semble donc que la Cour suprême va interpréter strictement la loi. Il n'en est rien. Elle exige bien la désignation de la nature des biens hypothéqués, mais elle se contente d'une désignation générale, d'une de ces formules vagues qui, embrassant toutes les hypothèses possibles, n'en spé-

1. Cour de Nancy, 30 mai 1843, *Journal du Palais*, 1843, 2, 694, S., 1867, 1, 221.
2. Cassation. 28 août 1821, S., 1821, 1, 420.
3. Cassation, 26 avril 1852, D., 1852, 1. 131.

cialisent par le fait même aucune. Elle validait d'abord des actes constitutifs portant que l'hypothèque était consentie sur tous les biens que le débiteur possédait en nature de bâtiments, terres labourables, bois, prés, vignes, etc....., dans tel arrondissement ; aujourd'hui elle ne valide plus de telles hypothèques que restreintes aux biens possédés dans une ou plusieurs communes spécialement désignées à l'acte (1).

Comment s'expliquer cette jurisprudence ? On en peut trouver deux raisons.

La première, ce sont les difficultés pratiques auxquelles peut donner lieu une exacte application de la loi. Avec le morcellement extrême de la propriété rurale en France, il n'est pas rare qu'une hypothèque porte sur un grand nombre de parcelles différentes, situées dans la même commune ou dans le même arrondissement ; la désignation spéciale de chacune d'elles par sa nature et par ses tenants et aboutissants entraîne longueurs et complications. Néanmoins, pour difficile qu'elle soit parfois, la tâche n'est jamais impossible, et la preuve en est que la pratique notariale se montre souvent plus scrupuleuse à cet égard que la jurisprudence elle-même.

La seconde est plus curieuse à noter. La jurisprudence

1. « Attendu, dit un arrêt de la Cour de Poitiers du 16 décembre 1891, que l'indication de l'espèce et de la situation des biens n'est pas soumise à des termes sacramentels ; que, dans l'obligation Rousseau, Riffaud désigne non seulement les communes où les biens sont situés, mais qu'il indique leur nature et qu'il spécialise suffisamment ces immeubles en disant en outre qu'il hypothèque tous les biens situés dans les communes ». Confirmé par Cassation 27 novembre 1893, D., 1894, 1, 566. Dans le même sens, Cassation 12 mars 1867, D., 1867, 1, 347. Cassation 25 novembre 1868, D., 1869, 1, 149.

a visiblement fait une confusion entre le principe de la spécialité et celui de la publicité. Elle n'a vu dans le premier qu'un corollaire du second, en sorte que, celui-ci étant satisfait, celui-là devait nécessairement l'être. Les attendus de ses arrêts sont très significatifs à cet égard. « Sur le moyen puisé dans les articles 2129 et 2148 du Code civil, considérant que si ces deux articles exigent, l'un la désignation de la nature et de la situation des biens hypothéqués, l'autre l'indication de l'espèce et de la nature des biens sur lesquels l'inscription est prise, il faut aussi convenir que l'objet de ces articles est principalement que le tiers trouve, soit dans le titre qui constitue l'hypothèque, soit dans l'inscription hypothécaire, tout ce qu'il est intéressé à connaître pour fixer sa détermination sans pouvoir être induit en erreur, et que le but de la loi est atteint toutes les fois que cet objet est rempli par les actes ci-dessus » (1).

Ainsi, la jurisprudence valide ces hypothèques parce qu'elles n'ont pu induire les tiers en erreur, parce que la publicité a été suffisante. Mais, comme le dit excellemment M. Pont : « Est-ce de cela qu'il s'agit? En aucune manière. Le principe dont nous avons à faire l'application est celui de la spécialité. Or, encore une fois, la spécialité n'est pas la publicité et il ne faut pas les confondre. La spécialité a un autre objet que l'intérêt des tiers : elle prend en main le crédit du débiteur qu'elle ménage....., elle a en vue ensuite la sûreté du créancier en ce que..... elle lui fait gagner en certitude ce qu'elle lui fait perdre en étendue. Voilà son objet précis. Ne parlons donc pas

1. Cassation 28 août 1821, S., 1821, 1, 420.

de l'inscription ni des tiers, car nous ne sommes pas en présence de l'article **2148**. Parlons du contrat hypothécaire et des parties qui le forment, car c'est l'article **2129** que nous avons à expliquer » (1).

Nous ne saurions donc approuver cette jurisprudence, qui nous semble en désaccord avec l'esprit comme avec le texte de la loi.

Autre est la question de la désignation d'une série de parcelles réunies en un seul domaine ; l'exploitation commune à laquelle sont soumises toutes ces parcelles en forme comme un seul fonds ; et la règle de la spécialité sera suffisamment respectée par la désignation du nom et de la situation du domaine, de la ferme ou de la métairie, sans qu'il soit besoin d'énumérer en détail les diverses parties qui le composent. Elles seront frappées par l'hypothèque par le fait même que, de notoriété publique, elles font partie du domaine : c'est une simple question de fait (2). La grande majorité des auteurs et la jurisprudence sont en ce sens (3). Nous n'insisterons pas sur cette question qui offre peu d'intérêt pratique et ne paraît pas s'être présentée depuis fort longtemps devant les tribunaux.

Ainsi, la conséquence du principe de spécialité dans l'hypothèse conventionnelle est d'obliger les parties à désigner par leur nature et leur situation chacun des biens qu'ils entendent soumettre à l'hypothèque ; rien ne les empêche, d'ailleurs, en énumérant ainsi chacun des biens

1. Pont, tome II, n° 674.
2. Paris, 6 mars 1815, S., 1816, 2, 319.
3. Cassation 15 juin 1815, S., 1815, 1, 348. Cassation 1er avril 1817, S., 1817, 1, 348. Cassation 10 février 1829, D., 1829, 1, 144. Voyez cependant en sens contraire. Bordeaux 17 août 1814, S., 1815, 2, 147.

présents du débiteur, de les grever tous de l'hypothèque : une telle convention est évidemment spéciale, bien qu'en fait elle embrasse tous les immeubles que le débiteur possède à un moment donné. Il était même inutile que le Code s'expliquât sur ce point, comme il a cru devoir le faire.

La sanction du défaut de spécialité dans l'acte constitutif d'hypothèque, c'est-à-dire de l'inobservation de l'art. 2129, consiste dans une nullité absolue de l'hypothèque Il est impossible d'en douter quand on se reporte au texte formel de l'art. 2129 « il n'y a d'hypothèque conventionnelle valable que celle..... », et quand on songe à l'importance que le Code a donnée à ce principe de la spécialité dont il a fait la sauvegarde des parties. Si le débiteur s'est laissé imprudemment entraîner à donner une hypothèque portant sur l'ensemble de ses immeubles, ou tout au moins sur tous ceux existant dans l'étendue de telle circonscription, ne se rendant peut-être pas un compte exact de l'importance de l'atteinte qu'il portait à son credit, la loi vient à son secours et lui permet de faire annuler une pareille convention. Cette nullité, étant absolue, peut d'ailleurs être proposée non seulement par le débiteur, mais encore par le créancier et les tiers, pourvu qu'ils y aient intérêt, mais sans qu'ils aient à justifier d'aucun préjudice. La jurisprudence paraît néanmoins un peu hésitante sur cette question ; on peut relever quelques arrêts en l'un et l'autre sens (1).

L'hypothèque conventionnelle une fois constituée ne devient opposable aux tiers que par son inscription. Cette

1. Dans notre sens : Cour de Bourges 17 janvier 1816. Devilleneuve, recueil des lois et arrêts, V. 2. 95. *Contrà* : Cour de Toulouse, 6 mars 1819. Devilleneuve, VI, 2, 38.

inscription est destinée à la rendre publique, à révéler aux tiers son existence et ses modalités. Parmi celles-ci, une de celles qui intéressent le plus vivement les tiers, c'est la spécialité du gage hypothécaire. La publicité d'une hypothèque spéciale n'est efficace et complète que si elle indique ce caractère de l'hypothèque, que si elle fait connaître le bien sur lequel, à l'exclusion de tous les autres biens du débiteur, porte l'hypothèque.

Le législateur l'a compris, et dans l'article 2148-5° il dispose que les bordereaux d'inscription doivent contenir « l'indication de l'espèce et de la situation des biens sur lesquels le créancier entend conserver son privilège ou son hypothèque ». C'est l'idée formulée en termes un peu différents par l'article 2129. Les énonciations de l'inscription hypothécaire doivent donc être à ce point de vue les mêmes que celles de l'acte constitutif.

L'art. 2148-5° est d'ailleurs une consécration du principe de la publicité et non de celui de la spécialité, car une hypothèque spéciale dans sa constitution conserverait ce caractère alors même qu'une erreur de l'inscription ne le révèlerait pas aux tiers. Il en résulte que la sanction du défaut de spécialité dans l'inscription n'est pas du tout la même que celle du défaut de spécialité dans l'acte constitutif. C'est alors la publicité envisagée dans un de ses éléments, c'est l'intérêt des tiers et non celui des parties qui est en jeu. Les tiers seuls et non les parties pourront donc se prévaloir de l'inobservation de l'article 2148-5° ; elle n'entraîne qu'une nullité relative de l'hypothèque.

Il en résulte encore que les tiers ne pourront se prévaloir de cette nullité relative qu'en justifiant que l'erreur ou l'absence d'énonciation spécialisant le gage hypothécaire dans l'inscription a été pour eux la source d'un préjudice. C'est en effet uniquement dans le but d'éviter des surprises préjudiciables à leur égard, que la loi a édicté les règles de la publicité des hypothèques ; dès lors que le but de la loi se trouve atteint en fait, c'est-à-dire, que le tiers n'a subi aucun dommage, qu'importe une erreur ou une omission qui n'a pas eu de conséquence ? D'ailleurs, le préjudice une fois établi par le tiers, son adversaire ne serait pas recevable à prouver que ce tiers avait, par une autre voie. connaissance de l'état hypothécaire réel de l'immeuble ; car, en matière d'inscription et de transcription, le défaut de formalité ne peut être suppléé ni couvert par la connaissance acquise par une autre voie (argument tiré de l'article 1071).

De cette nécessité pour le tiers de prouver l'existence d'un préjudice pour faire tomber à son égard l'hypothèque dont l'inscription est défectueuse, il suit que toute formule suffisante pour faire connaître exactement aux tiers l'état hypothécaire véritable de l'immeuble sur lequel ils ont acquis un droit réel, doit être considérée comme satisfaisant aux exigences de l'article 2148-5°, alors que peut être la même formule insérée dans l'acte constitutif ne donnerait pas satisfaction à l'article 2129. C'est qu'en effet, tandis qu'il s'agit dans l'article 2129 d'une question de spécialité, d'intérêt des parties et d'application d'un texte rigoureusement impératif, il s'agit, dans l'article 2148 d'une question de publicité, et que « les tiers en savent assez » quand ils sont avertis que tous les biens que le débiteur possède « dans telle ou telle circonscription déterminée sont déjà hypothéqués à une créance, laquelle est aussi indiquée » (1).

1. Pont, tome II, n° 674.

Ainsi nous avons repoussé le système de la jurisprudence qui valide des constitutions d'hypothèque portant sur tous les immeubles en nature de bàtiments, prés, terres, bois, vignes, etc.., appartenant au débiteur dans telle commune ; nous admettrions au contraire la validité d'une semblable désignation, en tant qu'elle s'appliquerait seulement à l'inscription hypothécaire, car elle suffit à renseigner les tiers qui voudraient postérieurement traiter avec le débiteur. Mais il est bien évident que toute cette théorie ne s'applique que dans les hypothèses où, l'acte constitutif satisfaisant pleinement au principe de la spécialité et aux exigences de l'article 2129, l'inscription seule est défectueuse, et le principe de publicité seul en jeu. Ces hypothèses se présentent rarement dans la pratique. Le plus souvent, l'inscription reproduit les termes mêmes de l'acte constitutif, et, si elle n'est pas spéciale, c'est que cet acte lui même n'est pas spécial. Dès lors il y a violation à la fois de l'article 2129 et de l'article 2148, et la première ouvre la porte à une nullité absolue ; dès lors les tiers doivent être admis à s'en prévaloir sans avoir à justifier d'aucun préjudice. Aussi, croyons-nous que c'est par erreur que M. Pont, qui a savamment édifié cette théorie, s'en sert pour justifier une série d'arrêts dont plusieurs au moins sont relatifs à l'hypothèse voisine (1).

Ajoutons enfin que la nullité absolue qui résulte du défaut de spécialité des énonciations de l'acte constitutif de l'hypothèque ne saurait être couverte par les énoncia-

---

1. Pont, tome II, nº 1005 et les arrêts par lui cités en note.
Il est à regretter que la manière trop sommaire dont les recueils d'arrêts rapportent les circonstances de fait, empêche le plus souvent de distinguer si le défaut de spécialité existait seulement dans l'inscription ou s'il existait aussi dans l'acte constitutif.

tions plus précises de l'inscription. L'inscription suppose
en effet une hypothèque préexistante et valable par elle
même entre les parties : elle ne saurait remédier à un vice
qui porte sur cette hypothèque et intéresse les parties elles-
mêmes. L'inscription, quoique spéciale, sera donc nulle en
pareil cas par voie de conséquence. La jurisprudence semble
assez ferme en ce sens (1).

Section II. — De l'hypothèque conventionnelle des biens à venir.

Les règles de l'hypothèque conventionnelle des biens
à venir sont contenues dans les articles **2129** alinéa final, et
2130. On peut les résumer ainsi : impossibilité d'hypothé-

---

1. En ce sens :
Cassation 20 février 1810, S., 1810, 1, 178. Ses attendus sont remar-
quablement motivés. « Attendu que dans cette obligation, Bertail s'est
contenté d'énoncer seulement qu'il affectait à cette hypothèque tous ses
biens présents situés dans la commune de Saint-Genest, sans autre dis-
tinction... d'où il suit que cette hypothèque n'était pas spéciale dans le
sens de la loi... Attendu qu'en regardant ensuite ce défaut de spécialité
comme suffisamment réparé par la publicité donnée depuis à cette hypothèque au moyen de l'inscription prise... l'arrêt attaqué a supposé nécessairement qu'à défaut de spécialité, la publicité suffisait ; que par cette
supposition cet arrêt s'est élevé contre le système général du régime hypothécaire ; qu'en effet ce système est de faire reposer l'hypothèque conventionnelle sur une double base : savoir, la spécialité et la publicité, et
de faire concourir simultanément l'une et l'autre, de manière que la spécialité est insuffisante si elle n'est pas accompagnée de publicité, comme
la publicité est de nul effet et doit être regardée comme non avenue, si
elle n'est pas elle-même appuyée sur la spécialité ».
Colmar 23 août 1842. *Journal du Palais*, 1843, 1, 106 ; Dijon 23 octobre 1843, D., 1844, 2, 2 ; Cassation 26 avril 1852, S., 1852, 1, 513 ; En
sens contraire : Lyon 27 mars 1832, S., 1833, 2, 282.

quer les biens à venir, tant que les présents et libres sont suffisants ; possibilité d'hypothéquer les biens à venir dès que les biens présents et libres sont insuffisants. Etudions l'une après l'autre ces deux propositions.

I

« Les biens à venir ne peuvent pas être hypothéqués » dit l'article 2129 alinéa final.

On peut concevoir de deux façons l'hypothèque portant sur un bien à venir, c'est-à-dire, sur un bien qui ne fait pas actuellement partie du patrimoine du constituant. Elle peut grever ou un immeuble spécialement déterminé, ou les immeubles qui pourront entrer dans le patrimoine du constituant, sans que celui-ci précise ou détermine aucunement ces immeubles ; dans le premier cas, le gage hypothécaire est connu, dans le second, il ne l'est pas ; dans le premier cas, l'immeuble désigné ayant nécessairement un maître, et ce maître n'étant pas le constituant, l'hypothèque porte sur la chose d'autrui ; dans le second, elle n'a, pour le moment, à proprement parler aucune assiette.

La convention ayant pour objet un immeuble déterminé hypothéqué sous la condition qu'il appartiendra plus tard au constituant, ne nous paraît pas être celle que prohibe l'article 2129 ; son impossibilité découle d'un autre principe, à savoir qu'on ne peut disposer que du sien et qu'on ne peut accomplir aucun acte juridique relatif à la chose d'autrui, pas plus l'hypothéquer que la vendre. L'étude de cette règle ne rentre pas dans notre sujet (1).

1. Sur cette convention, voir Colmet de Santerre, tome IX, pages 174 et suivantes et page 184.

L'article 2129 vise donc l'hypothèque indéterminée des biens à venir. L'interdiction qu'il en fait est des plus justifiables. Cette hypothèque est, en effet, contraire à la technique de la spécialité, puisqu'elle est, par sa nature même, incompatible avec toute désignation spéciale des immeubles grevés. Elle n'est pas moins contraire à l'essence même de ce principe, au ménagement du crédit du débiteur : tant que ses biens présents et libres suffisent à fournir au créancier une garantie sérieuse et complète, pourquoi irait-il au-delà, pourquoi engagerait-il imprudemment et sans utilité son avenir même ? Cette convention présenterait les mêmes dangers que l'hypothèque générale des biens présents ; plus même, car le débiteur y apercevrait moins facilement l'atteinte portée à son crédit, et engagerait d'autant plus légèrement ses immeubles à venir, que souvent il n'espérerait pas à ce moment devoir en acquérir. Une pareille clause serait facilement devenue de style. A tous égards sa prohibition s'imposait.

II

L'hypothèque des biens à venir, interdite en principe par l'article 2129, est exceptionnellement autorisée, dans certains cas, par l'article 2130. Le mérite de cette exception est très discuté. Etudions d'abord son fonctionnement, c'est-à-dire, le cas où l'hypothèque des biens à venir peut avoir lieu, ses formes et ses effets ; nous pourrons ensuite en connaissance de cause juger de son mérite et nous prononcer pour ou contre son maintien.

1°

On peut hypothéquer ses biens à venir « si les biens présents et libres du débiteurs sont insuffisant pour la sûreté de la créance ».

L'hypothèque des biens à venir n'est donc possible qu'en cas d'insuffisance des biens présents ; elle est subsidiaire. Par « biens présents et libres » il faut évidemment entendre, puisque nous sommes en matière d'hypothèques et en présence d'un créancier qui exige ce genre de sûreté, les immeubles existant dans le patrimoine du débiteur appréciés pour leur valeur nette, c'est-à-dire déduction faite des charges hypothécaires qui les grèvent déjà. On me demande de prêter dix mille francs, je ne consens à le faire que si l'emprunteur me constitue une hypothèque ; c'est la même chose à cet égard s'il n'a qu'une immeuble d'une valeur de cinq mille francs, ou s'il en a un valant vingt mille francs, mais déjà grevé d'hypothèque pour quinze mille ; et, quant à la fortune mobilière qu'il peut avoir, quelle qu'en soit l'étendue, je n'en tiendrai pas compte ; elle ne remplit pas mon but, puisqu'elle n'est pas susceptible d'être hypothéquée.

Le code exige en outre que cette insuffisance soit constatée dans l'acte constitutif par le débiteur ; c'est une manière d'attirer l'attention des parties sur le caractère particulier de la convention par laquelle le débiteur engage éventuellement son patrimoine futur, ressource souvent suprême, et par laquelle le créancier reçoit une sûreté nécessairement un peu aléatoire. Cette déclaration peut d'ailleurs être faite en n'importe quels termes, pourvu qu'ils ne laissent subsister aucun doute sur l'insuffisance des biens présents, car, dans notre droit, il n'y a pas de formule sacramentelle (1).

La déclaration d'insuffisance doit être conforme à la vérité. La loi n'a pas eu pour but, en l'édictant, d'imposer aux parties une vaine formalité. Elle entend que l'hypothèque des biens à venir, ordinairement prohibée, ne puisse exceptionnellement avoir lieu qu'en présence d'un certain état de fait. Il faut donc avant tout que cet état de fait existe réellement ; une déclaration mensongère ne crée évidemment pas l'insuffisance exigée. Les tribunaux ont donc le droit de vérifier, nonobstant toute déclaration, si l'insuffisance existe véritablement, et, dans le cas contraire, ils ont le devoir d'annuler la constitution d'hypothèque. Il est étonnant que ce pouvoir de contrôle leur ait été refusé par des auteurs considérables (2), pour cette unique raison que la loi n'a réservé à personne le droit de critiquer la déclaration d'insuffisance du débiteur. Comme si les principes généraux et le droit commun ne suffisaient pas à justifier pleinement ce contrôle, sans lequel on réduirait à lettre morte la condition justement exigée par la loi pour permettre l'hypothèque des biens à venir ; comme si les tribunaux avaient besoin d'un texte pour avoir le droit de juger si une convention qui leur est soumise réunit les conditions de validité exigées par la loi (3).

Plus délicate est la question de savoir qui peut se prévaloir de la nullité résultant soit de ce que l'insuffisance des biens présents n'a pas été déclarée, soit de ce que cette déclaration est mensongère. On a soutenu qu'elle ne pou-

1. Nancy, 22 août 1867, D., 1868, 2, 117.
2. Colmet de Santerre, tome IX, n° 97 bis IV. Mourlon III, p. 174, n° 1492.
3. En ce sens : Pont II, n° 684 ; Thézard n° 66.

Chereau   5

vait être proposée ni par le créancier, car il a été négligent, ni par le débiteur, car la violation de la loi est son œuvre ; la nullité ne pourrait donc être proposée que par les créanciers hypothécaires postérieurs et par les tiers acquéreurs. Nous croyons plus conforme à l'esprit de la loi de voir là un cas de nullité absolue, pouvant être proposée par tout intéressé, même partie à l'acte. Nous nous trouvons en effet en présence d'une hypothèque des biens à venir constituée en dehors du cas spécial où la loi l'autorise, tombant par suite sous le coup de la prohibition de l'article 2129 alinéa final. Cette partie de l'article étant basée sur les mêmes motifs que la première, relative à l'hypothèque des biens présents, doit avoir la même sanction, et toute constitution d'hypothèque faite en fraude de cette prohibition est, pour les raisons données plus haut (1), nulle de nullité absolue.

Il nous reste à examiner une dernière question, une des plus controversées en doctrine qu'offre cette matière, celle de savoir si le débiteur qui n'a pas de biens présents, c'est-à-dire d'immeubles présents, peut hypothéquer ses biens à venir ; en d'autres termes, si l'absence de biens doit être assimilée à l'insuffisance de biens.

La jurisprudence avait d'abord tranché la question dans le sens de l'affirmative, par un arrêt de la Cour de Besançon du 29 août 1811, très fortement motivé. « Considérant que..... cette exception à l'article 2129..... ne doit pas être restreinte au cas où le débiteur possède et hypothèque au moment de l'obligation des biens présents qui sont insuffisants, mais qu'elle doit avoir lieu, et à bien plus

1. Cf. page 56.

forte raison, dans le cas où le débiteur n'a à cette époque aucun immeuble à offrir pour sûreté à son créancier, parce qu'alors il est évident qu'il y a insuffisance entière et absolue ; que le législateur, en modifiant la défense d'hypothéquer les biens à venir, ayant voulu venir au secours du débiteur dont les facultés présentes sont trop faibles pour se procurer du crédit et des ressources, n'a certainement pas entendu refuser cette faveur à celui qui, n'ayant aucune fortune présente, se trouve dans une position d'autant plus favorable qu'elle est malheureuse (1) ».

Mais, la question s'étant à nouveau présentée devant les tribunaux, a été résolue dans le sens opposé par un jugement du tribunal de Montluçon confirmé par adoption de motifs par un arrêt de la Cour de Riom du 25 novembre 1830 (2). La jurisprudence n'a jamais varié depuis, et la Cour de cassation, devant laquelle la question a été portée pour la première fois en 1872, a consacré l'opinion des Cours d'appel (3).

Les arguments de la jurisprudence et des auteurs qui l'approuvent nous semblent d'une faiblesse extrême. Le tribunal de Montluçon dit qu'admettre l'hypothèque des biens à venir pour celui qui n'a pas de biens présents serait détruire le principe posé par l'article 2129. Il y a là une erreur ; l'article 2129 prohibe l'hypothèque des biens à

1. Rapporté en note dans S., 1833, 2, 526.
2. S. 1833, 2, 526.
3. Voici quelques-uns des nombreux arrêts rendus sur cette question qui offre un grand intérêt pratique : Nancy, 16 août 1831 ; Lyon, 12 décembre 1837, S., 1838, 2, 431 ; Caen, 4 avril 1842, S., 1842, 2, 399 ; Lyon, 9 avril 1845, D., 1846, 2, 113 ; Dijon, 25 avril 1855, D., 1855, 2, 218 ; Nancy, 22 août 1867, D., 1868, 2, 117. Cassation, 30 janvier 1872, S., 1873, 1, 404 ; (Cassation d'un arrêt d'Alger, 8 septembre 1868) ; Limoges, 27 mai 1896, S., 1897, 2, 143.

venir d'une manière générale ; pour détruire ce principe,
il faudrait l'autoriser d'une manière générale, sans aucune
condition, dans tous les cas, même pour celui qui a des
biens présents suffisants; ce n'est certes pas ce que l'on
fait quand on permet l'hypothèque des biens à venir seulement en cas d'insuffisance ou d'absence des biens présents. La Cour de cassation tire de ces mots de la loi : « Si
les biens présents et libres sont insuffisants », une double
conséquence : que le débiteur ne peut hypothéquer ses
biens à venir qu'autant qu'il affecte d'abord et principalement ses biens présents à l'acquit de sa dette, et, en second
lieu, que, s'il n'a pas de biens présents, il ne peut hypothéquer ses biens à venir. C'est cette double conséquence
que les auteurs sous-entendent en disant que l'hypothèque
des biens à venir est subsidiaire à celle des biens présents, et qu'ils justifient par cette considération que le fait
par le débiteur d'hypothéquer d'abord et principalement
ses biens présents indique un débiteur sérieux, cherchant
à emprunter pour des motifs raisonnables et non pour de
folles dissipations. Sans insister sur le plus ou moins de
justesse de cette dernière considération, remarquons que
le texte de la loi semble bien contenir la première conséquence qu'on en tire, mais non la seconde. Sans doute,
l'hypothèque des biens à venir est subsidiaire en ce sens
que, tant que les biens présents suffisent, elle n'est pas autorisée, en ce sens aussi que, lorsque les biens présents ne
suffisent plus, ils doivent tout au moins être hypothéqués
avec les biens à venir à la sûreté de la créance, tout cela
dans le but de n'atteindre qu'à la dernière extrémité le patrimoine futur, ressource du débiteur et de sa famille ; mais
comment peut-on tirer de cette idée la conséquence qu'en

l'absence de biens présents, les biens à venir ne pourront être hypothéqués ? Où est le lien entre ces deux propositions ? L'hypothèque des biens à venir est subsidiaire, c'est-à-dire qu'elle ne peut avoir lieu qu'après épuisement des biens présents, s'il y en a.

Combien nous paraît préférable l'interprétation qui cherche la raison d'être d'une disposition, l'esprit qui a guidé le législateur, le but qu'il a poursuivi. Or, ici, ce but n'est pas douteux. Qu'on l'approuve ou le désapprouve, on ne peut nier que le Code a voulu permettre à celui qui ne trouve pas dans ses biens présents un crédit suffisant d'en chercher un supplémentaire dans ses biens futurs, dans les immeubles qu'il peut rationnellement s'attendre à posséder un jour. Or, n'est-ce pas aussi bien le cas de celui qui n'a pas d'immeubles présents que de celui qui en a d'insuffisants ? L'absence de biens n'est-elle pas, comme on l'a très justement fait observer, le plus haut degré de l'insuffisance ? (1)

Examinons à présent les formes de l'hypothèque conventionnelle des biens à venir, tant dans l'acte constitutif que dans l'inscription.

Le débiteur, dit l'article 2130, peut, en exprimant l'insuffisance de ses biens présents, « consentir que chacun

---

1. Le système de la jurisprudence sur cette question en a fait naître une autre qui ne se poserait pas dans le système que nous défendons. On peut la formuler en ces termes : lorsqu'un débiteur a hypothéqué à la fois, conformément à l'article 2130, ses immeubles présents et à venir, et qu'il n'a sur l'immeuble présent qu'un droit résoluble, la rétroactivité de la condition accomplie entraîne-t-elle, avec la résolution de l'hypothèque sur le bien présent, la nullité de l'hypothèque subsidiaire sur les biens à venir ? Sur cette question, qui ne se lie qu'indirectement à notre sujet, voir : Cassation, 11 mars 1895. S., 1896, 1, 433 (note de M. Albert Wahl) et D., 1895, 1, 305 (note de M. Léon Michel).

des biens qu'il acquerra par la suite, demeure affecté à la sûreté de la créance à mesure des acquisitions ». Ainsi, l'hypothèque des biens à venir ne résulte jamais de plein droit et implicitement de celle des biens présents, non plus que de la seule déclaration d'insuffisance de ces biens ; la loi exige une disposition expresse par laquelle le débiteur déclare hypothéquer ses biens à venir. Par là encore, elle entend éviter toute équivoque, obliger le débiteur à se rendre un compte exact de la gravité de son acte, et maintenir, dans toute la mesure possible, le principe de la spécialité. Inutile d'ailleurs de faire remarquer que ce principe reçoit néanmoins et forcément une certaine atteinte en ce sens que, s'agissant de biens à venir, il est matériellement impossible au débiteur d'individualiser chacun d'eux quant à sa nature et à sa situation. Dans la pratique, lorsqu'un prêteur de fonds consent à se contenter d'une hypothèque sur les biens à venir de son débiteur, c'est que celui-ci est appelé, selon l'ordre ordinaire des événements, à recueillir une succession immobilière : tels sont en effet les seuls immeubles à venir qu'on puisse normalement escompter. Mais que le débiteur et le créancier se gardent bien d'indiquer dans l'acte constitutif que les biens à venir hypothéqués sont ceux que le débiteur espère recueillir dans la succession de telle personne déterminée ; il y aurait là un pacte sur succession future, nul aux termes de l'article 1130 (1).

On s'est demandé si l'inscription prise en exécution d'une hypothèque de biens à venir devait être spéciale ou pouvait être générale. L'article 2148-5° soumet en effet à

1. Dijon, 25 avril 1855, S., 1855, 2, 403.

la spécialité l'inscription d'hypothèque conventionnelle, et en exempte l'hypothèque judiciaire et les hypothèques légales ; mais il ne mentionne pas cette variété d'hypothèque conventionnelle qu'est l'hypothèque des biens à venir. A quelle catégorie faut-il donc, à ce point de vue, l'assimiler ?

Eclaircissons cette question par un exemple. Je possède un immeuble A ; je l'hypothèque conventionnellement à la sûreté d'une dette que je contracte : le créancier devra, dans son inscription, indiquer l'espèce et la situation de cet immeuble. M'advient-il ensuite dans le même arrondissement un autre immeuble B, il ne sera pas frappé par la constitution d'hypothèque qui est spéciale, ni compris dans l'inscription spéciale qui a été prise. Au contraire, possédant l'immeuble A, je deviens tuteur d'un incapable ; le subrogé tuteur inscrit l'hypothèque légale sur mon bien ; il n'est pas tenu d'individualiser ce bien dans son inscription qui frappe tous les immeubles que je puis avoir dans le ressort du bureau. Advienne au cours de la tutelle l'immeuble B, il sera frappé par l'hypothèque légale, qui est générale, et compris dans l'inscription qui l'est également. Modifions un peu la première hypothèse : l'immeuble A étant insuffisant pour la sûreté du créancier, je lui constitue une hypothèque subsidiaire sur mes biens à venir, inscription est prise. Puis m'advient l'immeuble B ; il est de droit, à la différence de ce qui avait lieu dans la première hypothèse, affecté hypothécairement à la garantie de la dette ; est-il de droit compris dans l'inscription déjà prise (ce qui la suppose générale et frappant tous les immeubles situés dans le ressort du bureau), ou, au contraire, une nouvelle inscription sera-t-elle nécessaire (ce qui suppose la première spéciale et ne frappant que l'immeuble A)? Telle est la question.

Les auteurs et la jurisprudence sont aujourd'hui d'accord pour la résoudre dans le même sens. Il n'en a pas toujours été ainsi. Les cours d'appel, après quelques décisions dans le sens de la spécialité de ces inscriptions (1), semblèrent vouloir consacrer l'opinion contraire (2), alors défendue par un petit nombre d'auteurs (3) ; mais la Cour de Cassation affirma la nécessité d'une inscription spéciale sur chaque bien à venir acquis par le débiteur (4). « Attendu, dit-elle, qu'aux termes de l'art. 2116, l'hypothèque ne peut être que légale, judiciaire ou conventionnelle..... Attendu que l'article 2130..... n'a rien changé au caractère de l'hypothèque conventionnelle, et, de spéciale qu'elle était, ne l'a pas rendue générale ; qu'aucune des expressions dont la loi se sert pour déterminer la faculté qu'elle accorde dans ce cas, n'indique qu'elle a voulu opérer une transformation de cette nature, et créer une quatrième espèce d'hypothèque ; qu'en appliquant le consentement du débiteur à l'hypothèque spéciale qu'elle a définie dans l'article 2129..... elle a clairement fait entendre qu'elle ne dispensait le créancier que de l'obligation de recourir à une nouvelle convention pour obtenir une hypothèque sur les biens à venir du débiteur ; que dès lors, l'hypothèque qui doit les frapper est nécessairement demeurée conventionnelle et soumise en conséquence aux conditions de spécialité qui constituent cette

1. Paris, 23 février 1835, S., 1835, 2, 209.
2. Angers, 4 juillet 1842, S., 1842, 2, 469. (Cassé par l'arrêt ci-dessous).
3. Favard de Langlade : *Nouveau répertoire*, Hyp. section 2, § 3, n° 10 ; Roland de Villargues : *Répertoire du notariat*. Hyp., n° 282.
4. Cassation 27 avril 1846, S., 1846, 1, 369.

espèce d'hypothèque. Attendu qu'une hypothèque conventionnelle..... doit être rendue publique au moyen d'une inscription portant l'énonciation de l'espèce et de la situation
des biens sur lesquels le créancier entend la conserver.
Qu'ainsi l'inscription prise en vertu d'une hypothèque sur
les biens à venir du débiteur..... doit présenter ces énonciations puisqu'elle est conventionnelle ». Cet arrêt a fixé
définitivement la jurisprudence (1) et tous les auteurs ré-
cents sont d'accord pour admettre avec elle que le principe de la spécialité s'est, en ce qui concerne l'hypothèque
subsidiaire des biens à venir, réfugié dans l'inscription.

L'hypothèque des biens à venir n'est donc opposable aux
tiers, en ce qui touche chacun des immeubles qu'elle frappe,
que par l'inscription spécialement prise sur cet immeuble
après le moment où il est entré dans le patrimoine du débiteur, et à dater de cette inscription (2). Par là encore elle
s'écarte des hypothèques générales, et se conforme aux
principes qui régissent les hypothèques spéciales. Il en
résulte plusieurs inconvénients pour le créancier ; il est
forcé de surveiller l'existence de son débiteur, de guet-
ter l'entrée dans son patrimoine de tout nouvel immeuble,
et, quelque déligence qu'il y apporte, il se voit nécessairement primé par des hypothèques dont la source
peut être postérieure à sa créance, hypothèques légales
dispensées d'inscription, hypothèques judiciaires déjà inscrites sur un autre immeuble du même arrondissement, qui
s'impriment sur l'immeuble à l'instant même où il entre

1. Poitiers, 23 février 1844, S., 1845, 2, 212 ; Grenoble, 17 février
1847, S., 1848, 2, 55 ; Paris, 20 janvier 1888, *Gazette du Palais*, 1888,
1, 793.
2. Caen, 18 août 1871, D.. 1873, 2, 228.

dans le patrimoine du débiteur. Pour parer à ce danger, il suffirait d'une légère modification à la loi : donner au créancier un certain délai pour s'inscrire et décider que son hypothèque inscrite dans ce délai prendrait rang à l'égard de tous créanciers ayant hypothèque sur l'immeuble du chef de son débiteur, à la date même de la constitution d'hypothèque.

Une question reste à résoudre en ce qui concerne les effets de l'hypothèque des biens à venir. Le créancier est-il tenu avant de pouvoir poursuivre les biens à venir hypothéqués à la créance, de discuter le débiteur dans ceux de ses biens présents qui sont également frappés par son hypothèque ? Nous ne le croyons pas (1).

2⁰

— L'article 2130 a été, à plusieurs reprises, l'objet de vives attaques. La plupart des législations étrangères qui avaient adopté le Code Civil et l'ont ensuite remanié, l'en ont fait disparaître (2) ; sa disposition ne se retrouve que dans les législations des cantons du Tessin et de Genève. Le projet de réforme de M. Darlan le supprime.

Les griefs qu'on a fait valoir contre cet article peuvent se ramener à quatre : il est inutile, il est immoral, il est contraire à la règle qui prohibe les pactes sur succession future, il est contraire au principe de spécialité.

1. Un arrêt a décidé le contraire, « attendu que cette hypothèque est subsidiaire » (Nancy, 22 août 1867, D., 1868, 2, 117). C'est une nouvelle preuve de l'abus qu'on fait de cette épithète qui ne se trouve même pas dans la loi. Nous n'entrons pas dans la discussion de cette question, qui n'apporterait aucun élément intéressant l'appréciation critique de l'hypothèque des biens à venir et de son caractère par rapport au principe de spécialité.
2. Loi Belge du 16 décembre 1851.

Inutile, nous ne le croyons pas. Qu'il ne soit pas d'un usage très répandu, parce qu'il n'offre aux créanciers qu'une sûreté nécessairement aléatoire qu'ils sont disposés à refuser, cela est possible. Néanmoins, les nombreux procès auxquels il a donné lieu, et dont nous avons rapporté quelques arrêts, prouvent d'une manière irréfutable que son usage est plus fréquent qu'on ne le croit d'ordinaire.

Le reproche d'immoralité a notamment été formulé par M. de Vatimesnil, dans son rapport au nom de la commission de l'Assemblée législative (1850) : « Quel est en effet, dit-il, l'individu que songera à se faire un moyen de crédit de ses biens à venir ? En général, c'est le fils de famille qui escompte ainsi d'avance la succession de ses parents. Et quels sont les hommes qui pourront consentir à lui prêter sur un gage aussi éventuel ? Trop souvent des usuriers qui trouvent dans l'énormité de l'intérêt ou dans des stipulations frauduleuses, l'équivalent du risque auquel ils s'exposent ». A ce reproche, nous ne saurions trouver de meilleure réponse que celle formulée par la Cour de Pau, lors de l'enquête de 1841 : « Pour empêcher quelques dissipateurs de se ruiner d'avance, en engageant les biens qui pourront leur échoir un jour, il ne paraît pas raisonnable de priver beaucoup de gens intelligents et honnêtes d'un moyen de se procurer un crédit que leur industrie et leur bonne conduite peuvent faire fructifier, et de nuire ainsi aux classes laborieuses.... » (1).

La règle de l'article 2130 est-elle vraiment contraire à la prohibition des pactes sur succession future ? On l'a soutenu, et il est bien certain qu'en fait, l'hypothèque des

1. *Documents sur le régime hypothécaire*, tome III. p. 340.

biens à venir sera le plus souvent consentie en vue de
biens que le constituant est appelé à recueillir en qualité
d'héritier présomptif et réservataire. Nous pensons cependant qu'il suffit que cette circonstance ne soit pas men-
tionnée dans l'acte constitutif pour que les parties soient
en règle avec la prohibition de l'article 1130, d'autant
plus que l'événement peut soumettre à l'hypothèque
d'autres immeubles que ceux prévus lors du contrat (1).

Reste le reproche le plus spécieux : l'hypothèque subsidiaire des biens à venir est contraire au principe de la spécialité.

Il est bien certain que cette hypothèque constitue une
exception à la règle technique de la spécialité, car, d'une
part, elle embrasse une masse indéterminée d'immeubles,
et, d'autre part, il y a impossibilité matérielle à désigner
aucun de ces immeubles. Il faut bien reconnaître cependant que la loi a pris soin de réduire à son minimum l'in-
fraction à la règle. Elle n'a pas voulu faire brèche à la
spécialité en créant à côté des hypothèques judiciaires ou
légales générales une autre sorte d'hypothèque générale.
L'hypothèque subsidiaire des biens à venir en diffère dans
l'acte constitutif en ce qu'elle exige une affectation formelle de ces biens et ne résulte jamais de plein droit ni de
l'hypothèque des biens présents, ni même de la déclaration d'insuffisance de ces biens ; elle en diffère encore
en ce qu'elle se réalise au moyen d'inscriptions toujours
spéciales. Le législateur a d'ailleurs, à ce point de vue,
nettement exprimé son intention. « Tout ce que peut dé-

1. Sur ce point, voir : *Documents relatifs au régime hypothécaire,*
tome III, p. 338, les observations de la Cour de Grenoble et celles de la
cour de Montpellier.

sirer un citoyen, c'est de pouvoir, quand ses facultés sont trop faibles, donner à son créancier le droit de s'inscrire par la suite sur le premier ou le second immeuble qu'il acquerra : c'est une affectation spéciale qui se réalise par l'inscription lorsque l'immeuble est acquis. » (1).

Il ne s'agit d'ailleurs pas de savoir si, et dans quelle mesure, l'hypothèque subsidiaire des biens à venir constitue une exception à la spécialité ; il s'agit de savoir si cette exception est ou n'est pas justifiable. La spécialité n'a pas son but en elle-même ; elle est un moyen pour réaliser certains avantages, pour éviter certains inconvénients. L'avantage à réaliser, c'est la meilleure utilisation possible du crédit du débiteur ; or, si ce but commande la prohibition de l'hypothèque des biens à venir tant que les biens présents sont suffisants, il ne commande pas moins la possibilité de cette hypothèque dès que ces biens sont devenus insuffisants. Comme l'a dit fort justement Bigot Préameneu ne faut-il pas « procurer à chacun, soit pour seconder son industrie, soit pour remplir des besoins ou réparer des malheurs, tous les moyens qu'il peut avoir d'inspirer la confiance ? Ainsi, non seulement ses biens actuels, mais encore sa bonne conduite, sa probité. son travail, ses talents, les biens que l'ordre de la nature doit lui transmettre, composent l'actif qu'il peut offrir pour gage. Oserait·on dire que réduire ce gage aux biens présents, ce serait le multiplier ? Celui qui n'a que peu d'immeubles ou qui n'en a point au moment où il a besoin d'emprunter trouvera-t-il donc un prêteur aussi facilement que si, avec

1. Treillard. *Discours au corps législatif*, Locré XVI, p. 349, n° 17 ; Adde : Grenier et Bigot-Préameneu, *Discours au tribunat*, Locré XVI, p. 389 n° 25 et p. 137 n° 35.

ses biens présents, il pouvait hypothéquer ceux à venir ? » (1). — L'écueil à éviter, c'est le retour à un régime d'hypothèques générales, avec les multiples inconvénients qu'il engendre, et notamment l'aggravation des frais de procédure. Cela n'est nullement à craindre avec une convention telle que celle que nous analysons. Son usage est limité, et il est impossible qu'elle devienne une clause de style, parce qu'elle doit être précédée de l'affectation de tous les immeubles présents, et aussi parceque « les propriétaires n'accepteront pas bien volontiers une formule qui présente leur situation pécuniaire comme embarrassée » (2).

L'exception que l'article **2130** apporte au principe de la spécialité ne nous paraît donc nullement en contradiction avec le but de ce principe. Le système du Code nous semble au contraire très harmonieux à cet égard, et nous concluons à son maintien.

1. Rapport de Bigot-Préameneu, Locré XVI, p. 139-140 ; Adde : *Documents sur le régime hypothécaire*, tome III, pages 334 et 338, observations de la Cour d'Angers et de la Cour de Grenoble.

2. Colmet de Santerre, tome IX, p. 185.

CHAPITRE DEUXIÈME

Ainsi que nous l'avons vu dans l'histoire de la spécialité du gage hypothécaire, ce principe ne s'applique qu'à certaines hypothèques légales et laisse de côté un assez grand nombre d'entre elles. Nous entendons d'ailleurs ici par hypothèques légales toutes celles que la loi attache de plein droit à la garantie d'une créance, ce qui comprend non seulement ce que le Code appelle hypothèques légales mais encore d'une part l'hypothèque dite judiciaire — que le juge n'a pas pouvoir d'accorder ou de refuser, mais qui résulte *ipso facto* de certains jugements — et, d'autre part, les privilèges immobiliers, — qui ne sont pas autre chose que des hypothèques légales munies d'un rang de faveur. — Il nous faut donc tout d'abord classer ces diverses hypothèques en deux groupes, suivant qu'elles sont spéciales ou générales ; ce faisant, nous indiquerons d'un mot pour chacune des hypothèques légales spéciales l'étendue du gage hypothécaire : ce sera l'objet d'une première section. Dans une seconde, nous chercherons à préciser l'étendue du gage hypothécaire pour toutes les hypothèques légales générales, telle qu'elle résulte de leur généralité même. Dans une troisième, nous étudierons les divers cas dans lesquels cette étendue peut se trouver restreinte, en vertu soit de la loi soit d'une convention, soit d'une décision judiciaire. Connaissant ainsi, pour toutes les hypothèques légales, l'étendue exacte, normale ou exceptionnelle, du gage qu'elles offrent au créancier, il nous restera à examiner, dans une dernière section, comment elle se reflète dans la publicité de ces hypothèques.

Section I. — Classification.

1.— *Privilèges s'étendant sur les meubles et les immeubles.*

1° Aux termes de l'article 2104, les privilèges qui s'étendent sur les meubles et les immeubles sont ceux énoncés en l'article 2101, c'est-à-dire : les frais de justice, les frais funéraires, les frais de dernière maladie, les salaires des gens de services et les fournitures de subsistances.

Examinons d'abord le privilège des frais de justice, qui a une nature si différente de celle des autres privilèges énumérés en l'article 2101, qu'on a pu contester qu'il constituât à proprement parler un véritable privilège, et qu'on y a vu à plus juste titre une délégation par laquelle les créanciers qui se partagent un gage commun autorisent celui d'entre eux qui a fait l'avance des frais nécessaires à la réalisation de ce gage, à s'en rembourser avant tout autre paiement. Il est donc spécial, et s'exerce uniquement sur le prix du bien pour lequel ont été faits les frais profitant à tous les créanciers : sa raison d'être consiste en effet dans un service rendu à propos de ce seul bien. Si donc un second immeuble du même débiteur vient à être vendu et son prix distribué aux créanciers, celui qui a fait des frais de justice relatifs au premier immeuble ne pourra prétendre exercer son privilège sur le prix du second.

Les autres privilèges de l'article 2101 sont au contraire de véritables dispositions d'exception ou de faveur, par lesquelles le législateur, prenant en considération l'intérêt spécial que mérite telle espèce de créance ou telle catégorie de créanciers, dispense un créancier de la loi du concours. Aussi s'exercent-ils sur l'ensemble du patrimoine soit mobilier, soit immobilier, du débiteur, sur le prix de n'importe lequel de ses biens qui est mis en distribution, car, quel que soit le bien dont le prix est distribué, le motif du privilège se retrouve. Ces privilèges sont donc, en tant qu'ils portent sur des immeubles, des hypothèques légales privilégiées générales.

Différentes lois postérieures au Code ont créé deux privilèges absolument analogues à ceux de l'article 2101 : celui des ouvriers et des commis sédentaires ou voyageurs pour le paiement de leurs salaires, appointements ou remises proportionnelles, en cas de faillite ou de liquidation judiciaire (1), et celui des nourrices pour le paiement des mois dus par les parents ou par toute autre personne (2). Il résulte de l'esprit aussi bien que de la lettre de ces lois, que ces privilèges doivent être de tous points assimilés à celui du salaire des gens de service dont ils sont en quelque sorte le développement ; aussi doit-on décider qu'ils portent subsidiairement sur la généralité des immeubles du débiteur.

1. Article 549 du Code de commerce modifié par les lois du 28 mai 1838, du 4 mars 1889 et du 9 février 1895.
2. Loi du 23 décembre 1874 relative à la protection des enfants du premier âge et en particulier des nourrissons.

2° Le privilège de séparation des patrimoines est règlementé par les articles 878 à 881, 2111 à 2113 du Code civil. Si l'on admet le système de la jurisprudence, qui fait
de la séparation des patrimoines une véritable hypothèque
privilégiée, comportant à la fois droit de suite et droit de
préférence, et garantissant le paiement des legs et des
dettes de la succession (1), on ne peut douter que ce ne
soit là une hypothèque spéciale et non une hypothèque
générale. L'idée de privilège du créancier du défunt sur le
créancier de l'héritier implique nécessairement celle d'une
hiérarchie entre créanciers d'une même personne, d'un
débiteur unique, l'héritier. C'est donc par rapport au patrimoine de celui-ci que nous devons nous placer pour savoir si le privilège de séparation des patrimoines est général ou spécial. Il ne porte, et cela est parfaitement logique,
que sur « les immeubles de la succession » (article 2111)
et non sur ceux que l'héritier peut avoir d'autre source.
Nous sommes donc en présence d'une hypothèque légale
spéciale.

II. — *Privilèges immobiliers de l'article 2103.*

1° Le vendeur d'immeuble est, pour le paiement du prix
de vente, privilégié « sur l'immeuble vendu. »

Nous sommes donc en présence d'un privilège spécial.
Cela est logique, puisque sa raison d'être est l'enrichissement, non encore acquitté, du patrimoine de l'acheteur,

1. En ce sens Cassation 27 juillet 1870, D., 1871. 1. 352. La majorité
des auteurs repousse cette théorie et ne voit dans la séparation des patrimoines qu'un simple droit de préférence sans droit de suite. Dès lors ce
ne serait pas une véritable hypothèque et la question d'étendue du gage
hypothécaire ne se poserait pas.

gage commun de ses créanciers : cet enrichissement, c'est
la valeur de l'immeuble vendu.

Aussi faut-il décider que, si une portion seulement de
l'immeuble a été aliénée, le privilège du vendeur ne porte
que sur cette portion et ne s'exerce, en cas de revente, que
sur la partie du prix qui la représente. Je vous vends,
moyennant vingt mille francs, ma part indivise des deux
cinquièmes dans un immeuble dont vous étiez déjà propriétaire indivis des trois autres cinquièmes ; l'immeuble,
saisi sur vous, est vendu quarante mille francs ; je ne
pourrai exercer mon privilège que sur les deux cinquièmes
de ce prix, soit seize mille francs, car c'est de cette valeur
seulement que j'avais enrichi votre patrimoine. Les auteurs
et la jurisprudence sont en ce sens (1).

Le privilège du vendeur d'immeuble a été étendu par la
jurisprudence, avec juste raison, au coéchangiste d'immeuble, pour la garantie de la soulte (2). La soulte ne représentant la valeur que d'une partie de l'immeuble le plus
important, on peut se demander si le privilège porte sur
tout cet immeuble ou seulement sur la partie correspondant proportionnellement à la soulte. La solution dépend
de l'idée qu'on se fait de la nature juridique de l'opération. Considère-t-on qu'il y a échange à concurrence de
la valeur du moins important des immeubles, vente seulement du surplus, il est logique de décider que le privilège
ne portera que sur cet excédent, parce que tel est « l'immeuble vendu. » La doctrine semble admettre de préférence, mais sans motiver cette solution, que le privilège

1. Dijon, 14 août 1838, confirmée par Cassation 13 juillet 1841, S.,
1841, 1, 731 ; Poitiers, 10 juillet 1889, S., 1891, 2, 110.
2. Cassation, 11 mai 1863, S., 1864, 1, 357.

porte sur tout l'immeuble, ce qui ne peut s'expliquer que
par le raisonnement suivant : il y a vente de tout l'immeuble le plus important et le vendeur reçoit l'autre à titre de dation en paiement ; dès lors, son privilège a porté
en naissant sur tout l'immeuble par lui vendu ; et, à raison
de l'indivisibilité de l'hypothèque, cet immeuble reste entièrement affecté à la garantie de la soulte, considérée
comme le solde d'un prix de vente partiellement payé. La
première solution nous paraît plus conforme à la nature
réelle de l'échange.

2° Le copartageant est privilégié soit pour le paiement
de sa part dans le prix de licitation, soit pour l'indemnité
due en cas d'éviction dont la cause est antérieure au partage, soit pour le paiement de sa soulte ou retour de lot.

Son privilège est toujours spécial, car il ne porte jamais
que sur une catégorie déterminée des immeubles du débiteur du prix de licitation, de l'indemnité d'éviction ou de la
soulte. Seulement, ce privilège spécial n'a pas dans les
trois cas la même étendue. Dans le premier cas, il ne
porte que sur l'immeuble licité et non sur les autres immeubles que le cohéritier adjudicataire et débiteur a pu
recueillir dans la succession (1) ; cela tient à ce que la licitation est une opération juridique ayant sa physionomie
propre, pouvant s'isoler de l'ensemble des opérations de
partage. Dans les deux autres cas, au contraire, le privilège porte sur tous les immeubles que le cohéritier débiteur de l'indemnité d'éviction ou de la soulte a recueillis
dans la succession ; car il a pour but de maintenir l'égalité

1. Nous supposons parce que c'est le cas le plus fréquent, un partage
de succession ; mais la solution est la même pour tout partage, quelle
que soit la cause de l'indivision.

du partage, et il n'y a pas de raison pour le faire porter sur un immeuble de la succession, et en affranchir les autres.

Dans la troisième hypothèse (paiement de la soulte ou retour de lot), on s'est demandé si, au cas d'insolvabilité du cohéritier débiteur de la soulte, le copartageant créancier a un privilège sur les immeubles de la succession mis dans les lots des autres cohéritiers. Dans ces termes, la question nous semble mal posée. En effet, si l'insolvabilité du débiteur de la soulte existait déjà au moment du partage, l'hypothèse se confond avec la seconde : indemnité dûe en cas d'éviction ayant une cause antérieure au partage ; nul doute que le créancier ait une créance privilégiée contre les autres cohéritiers. Si au contraire cette insolvabilité n'est survenue qu'après le partage, alors les motifs que donnent certains auteurs pour refuser le privilège ont une portée plus grande et tendent à refuser au copartageant attributaire de la soulte la qualité même de créancier chirographaire à l'égard des cohéritiers non chargés de la soulte par le partage. S'il en est ainsi, ce que nous n'avons pas à examiner dans cette étude, il est certain que le cohéritier « n'ayant pas de recours pour le paiement contre les héritiers étrangers à cette opération (la soulte), ne saurait avoir de privilège sur les biens à eux échus, puisque le privilège, ici où les cohéritiers sont tenus moins comme tiers détenteurs que comme garants, et dans la mesure de leur obligation personnelle, est essentiellement corrélatif à l'action personnelle, et que, là où l'action personnelle fait défaut, le privilège n'a plus ni cause, ni prétexte (1) ».

1. Pont, tome I, nº 207. Sur la question même de savoir si le copartageant attributaire de la soulte a, dans cette hypothèse, un recours, une

3º Aux termes de l'article 2103-4º les « architectes, entrepreneurs, maçons et autres ouvriers, employés pour édifier, reconstruire ou réparer » sont privilégiés pour le paiement du prix de leurs travaux, de leurs honoraires ou salaires, sur la plus-value que ces travaux ont procurée à l'immeuble.

Le motif de ce privilège est analogue à celui du privilège du vendeur d'immeuble. Le constructeur a enrichi le patrimoine de son débiteur d'une valeur, il serait injuste que, sur cette valeur, il subit le concours des autres créanciers ; c'est pourquoi la loi accorde, sur elle, une hypothèque légale privilégiée. Cette hypothèque est donc spéciale.

4º Les prêteurs de deniers ayant servi à rembourser un vendeur, un copartageant ou un constructeur, sont déclarés par la loi privilégiés aux lieu et place de celui qu'ils ont servi à rembourser. Il n'y a pas là autre chose qu'une subrogation. Le privilège porte donc sur le même objet, il affecte le même bien qu'il soit exercé par le privilégié primitif ou par son subrogé.

III. *Privilèges immobiliers du trésor public.*

1º Une loi du 5 septembre 1807 a créé au profit du trésor public un privilège, à la fois mobilier et immobilier, sur

---

action personnelle contre les cohéritiers, voir le même passage. Il est, d'ailleurs, remarquable que les arrêts qu'on cite dans cette controverse ne renseignent pas sur cette question. L'arrêt de la cour de Caen du 10 février 1851, tel qu'il est rapporté, sans être précédé d'un exposé des faits de la cause, dans les divers recueils judiciaires (S.. 1853, 2, 73, D., 1855, 2, 5. *Journal du Palais*, 1854, tome 1, 35), ne contient pas de considérant permettant d'apercevoir d'une manière certaine si l'insolvabilité du grevé de la soulte existait ou non au moment du partage. L'arrêt de rejet de la cour de cassation du 19 juillet 1864 (S., 1864, 1, 445) s'applique à une hypothèse où l'acte de partage mettait la soulte due à un des copartageants à la charge de tous les autres.

les biens des comptables, pour garantie du paiement de leurs débets.

Ce privilège, en tant qu'immobilier, est spécial, car il ne frappe que certains immeubles, nominativement désignés, du comptable, et n'atteint pas le reste de son patrimoine immobilier (art. 4). L'esprit de la loi apparaît clairement à la lecture de son texte : elle grève du privilège tous les immeubles, et ceux-là seulement, dont l'acquisition a pu être soldée, directement ou indirectement avec les deniers publics dont le comptable avait la gestion. Il y a en effet quelque vraisemblance, lorsqu'un comptable, pendant la durée de sa gestion, achète un immeuble, et d'autre part laisse un déficit ou se trouve en débet vis-à-vis du trésor, qu'il a payé l'immeuble avec des deniers publics ; aussi est-il très juste que, sur cet immeuble, le trésor soit préféré à tous autres créanciers du comptable.

Le privilège porte donc sur tous immeubles acquis à titre onéreux par le comptable postérieurement à sa nomination ; il laisse au contraire de côté tous ceux acquis par lui, à quelque titre que ce soit, avant sa nomination (le prix n'en eût-il été payé qu'après), et tous ceux acquis par lui à titre lucratif postérieurement à sa nomination.

L'esprit de la loi conduit d'ailleurs à décider : d'une part, que l'immeuble acquis postérieurement à la nomination, par voie d'échange, sans soulte à la charge du comptable, d'un immeuble non grevé du privilège, n'en sera pas frappé, les deniers publics n'ayant pu être utilisés dans une pareille acquisition, d'autre part, que l'immeuble acquis postérieurement à la nomination, par donation accompagnée de conditions ou charges d'une telle importance qu'elles peuvent être considérées comme un véritable prix, sera grevé de ce privilège (1).

Par application du droit commun, ce privilège frappera les immeubles acquis dans les mêmes conditions par d'autres personnes que par les comptables, lorsqu'il sera démontré en fait que les acquéreurs apparents sont des personnes interposées par rapport aux comptables, ce qui d'ailleurs ne se présume pas. Par exception au droit commun, la loi du 5 septembre 1807 (art. 4) a établi cette présomption d'interposition de personnes en ce qui concerne les femmes, même séparées de biens, des comptables : elle réserve d'ailleurs la preuve contraire. Ce texte absolument exceptionnel, ne doit pas être étendu.

2° Une autre loi du 5 septembre 1807 a établi un privilège garantissant le remboursement des frais dont la condamnation est prononcée au profit du trésor en matière criminelle, correctionnelle et de police ; il est général et porte sur tous les meubles et immeubles du condamné.

IV. *Privilèges immobiliers établis par des lois spéciales·*

1° Une loi du 16 septembre 1807, art. 23, a établi un privilège garantissant le paiement des « indemnités dues aux concessionnaires ou au gouvernement, à raison de la plus-value résultant des dessèchements » de marais. Ce privilège porte sur « toute la dite plus-value ». Il est donc spécial (2).

1. Cassation, 5 mars 1855, S., 1855, 1, 254,
2. On peut remarquer la très grande analogie de ce privilège ainsi que de celui de drainage avec le privilège du constructeur. Tous trois ont même raison d'être : la création d'une valeur nouvelle dans le patrimoine du débiteur ; tout trois portent uniquement sur cette valeur nouvelle. Ils ne diffèrent que par les procédés de détermination de cette valeur.

2° Une loi du 21 avril 1810, article 20, a établi un privilège garantissant la créance des bailleurs de fonds pour les « recherches d'une mine », « les travaux de construction ou de confection des machines nécessaires à son exploitation ». Il porte sur la « mine concédée » ; il est donc spécial.

3° Une loi du 17 juillet 1856 sur le drainage, a accordé à l'Etat (auquel le Crédit foncier a été substitué à cet égard par une loi du 6 juin 1858), pour le recouvrement de ses prêts (art. 3 alinéa final), aux syndicats pour le recouvrement de la taxte d'entretien et des prêts ou avancés faits par eux, aux prêteurs pour le remboursement des prêts faits à des syndicats, aux entrepreneurs pour le paiement du montant des travaux de drainage par eux exécutés, à ceux qui ont prêté des deniers pour payer ou rembourser des entrepreneurs, (art. 4) un privilège immobilier spécial « sur les terrains drainés » ou, plus exactement, sur la plus value existant à l'époque de l'aliénation de l'immeuble et résultant des travaux de drainage (art. 5).

4° Une loi du 8 février 1897, article 5, accorde au domanier, mais seulement en cas d'exponse, un privilège garantissant le remboursement des édifices et superfices, et, en cas d'insuffisance, sur le fonds ; il est donc spécial.

V. *Hypothèques légales de l'article 2121.*

L'article 2121 accorde hypothèque légale à trois catégories de personnes : à la femme mariée pour garantie de ses créances contre son mari, — aux incapables en tutelle, c'est-à-dire au mineur et à l'interdit, pour garantie de leurs créances contre leurs tuteurs, — à certaines personnes morales du droit public (Etat, départements, communes, établissements publics) pour garantie de leurs créances contre leurs receveurs et administrateurs comptables. L'article **2122**, que sa place lie intimement à la disposition de l'article précédent, et qu'on ne saurait étendre, malgré la généralité apparente de ses termes, aux autres hypothèques légales, dispose que « le créancier qui a une hypothèque légale pour exercer son droit sur tous les immeubles appartenant à son débiteur et sur ceux qui pourront lui appartenir dans la suite ».

Ainsi les trois hypothèques légales que nous venons d'énumérer frappent tous les immeubles présents et à venir du débiteur ; elles sont générales.

Il en est encore ainsi aujourd'hui, malgré la loi du 5 septembre 1807, qui attache à la créance de l'Etat une hypothèque légale privilégiée sur certains immeubles des comptables ; de ce que cette loi soustrait certains immeubles spécialement désignés, à l'hypothèque légale ordinaire, non privilégiée, celle-ci n'en reste pas moins générale, car elle continue à frapper en principe tout le patrimoine immobilier du comptable. Elle ne perd pas plus son caractère de généralité parce que, en fait, certains immeubles échappent à son empire, qu'un legs à titre universel ne perd son caractère d'universalité lorsque le légataire voit son émolument restreint par des legs à titre particuliers.

VI. *Autres hypothèques légales du Code civil.*

1° L'article **2123**, qui organise l'hypothèque judiciaire, décide « qu'elle peut s'exercer sur les immeubles actuels du débiteur et sur ceux qu'il pourra acquérir ». Ici encore,

nous nous trouvons en présence d'une hypothèque générale.

2° C'est une question controversée que de savoir si les
légataires ont, indépendamment du droit de préférence
qui résulte de la séparation des patrimoines, une hypothèque légale garantissant leur créance. La majorité des
auteurs et la jurisprudence reconnaissent l'existence de
cette hypothèque. Cette question résolue, il n'est pas douteux que nous sommes en présence d'une hypothèque
légale spéciale, car elle ne frappe pas tous les immeubles
des héritiers ou autres débiteurs des legs, mais seulement ceux de leurs immeubles dont ils sont détenteurs en
vertu de la succession qui a donné naissance à la créance
du légataire (art. 1017).

VII. *Hypothèque légale de la masse de la faillite.*

La loi accorde à la masse des créanciers d'une faillite ou
d'une liquidation judiciaire une hypothèque légale sur les
biens du débiteur (1). L'existence même de cette hypothèque, jadis controversée, est hors de doute depuis la nouvelle
rédaction du Code de commerce, résultant de la loi du
25 mai 1838. Une autre question est aujourd'hui controversée : celle de savoir si cette hypothèque est générale ou
spéciale.

Elle porte sans aucun doute sur les immeubles qui appartiennent au débiteur au moment du jugement déclaratif,
ou qui lui adviennent jusqu'à la clôture de la faillite. Mais
porte-t-elle sur ceux-là seulement ou s'étend-elle égale-

1. Code de commerce, art. 490 al. 3 ; art. 517. Loi du 4 mars 1889,
art. 4.

ment à ceux que le débiteur peut acquérir après la clôture de la faillite ? L'intérêt de cette question apparaît lorsque la faillite s'est terminée soit par un concordat simple, soit par la dissolution de l'union des créanciers à défaut de concordat. Dans ces deux hypothèses en effet, et dans celles-là seulement, tout le passé n'est pas liquidé définitivement par la clôture de la faillite ; le failli demeure soumis à certaines obligations envers les créanciers qui ont formé la masse de la faillite : soit à l'exécution des clauses du concordat, soit au paiement des reliquats des créances ; il serait donc encore intéressant pour les créanciers de pouvoir prendre inscription sur les nouveaux immeubles qui peuvent advenir à l'ex-failli.

La jurisprudence a décidé qu'ils pouvaient le faire, que cette hypothèque était générale (1). La doctrine s'est, en grande majorité, et avec raison, prononcée contre cette solution.

Les motifs invoqués par la jurisprudence à l'appui de sa décision, ont varié : tantôt elle a déclaré que l'hypothèque de la masse de la faillite était générale, parce que c'était une hypothèque judiciaire, tantôt parce que c'était une hypothèque légale. La même affaire montre les deux arguments développés l'un par le tribunal de première instance, l'autre par la cour d'appel. Il s'agissait d'un bien survenu au débiteur après la dissolution de l'union des créanciers. Le Tribunal de Chalon-sur-Saône décida « que ce droit hypothécaire créé par la loi doit porter, comme toutes les hypothèques légales, sur les biens présents et à venir du débiteur ». Sur appel, la cour de Dijon confirme par un arrêt

1. Dijon, 5 août 1862, S., 1862, 2, 544 ; Paris, 27 mai 1865, S., 1865, 2, 227.

« adoptant les motifs qui ont déterminé les premiers juges ;
considérant toutefois qu'ils ont donné à l'hypothèque prise
par le syndic en vertu de l'article 490 du Code de commerce la qualification de légale ; que c'est nécessairement
une hypothèque judiciaire puisqu'elle est prise par suite
du jugement qui a déclaré la faillite, et en vertu de celui
qui a nommé le syndic » (1).

Ces deux arguments nous semblent aussi peu probants
l'un que l'autre. L'hypothèque de la masse de la faillite
serait en effet générale si elle était judiciaire ; mais ce n'est
pas une hypothèque judiciaire ; celle-ci ne résulte pas en
effet de tout jugement, mais seulement des jugements de
condamnation, ce qui n'est pas le cas du jugement déclaratif de faillite. Notre hypothèque est une hypothèque
légale particulière, distincte de cette autre à laquelle la loi et
la pratique ont donné le nom de judiciaire ; la déclaration
de faillite est le fait d'où la loi la fait résulter. Peut-on conclure de ce qu'elle est légale qu'elle doit être générale ? Il
faudrait pour cela que la loi eût, par un texte formel, dérogé
au principe de la spécialité pour toutes les hypothèques
légales ; or il n'en est rien : l'article 2122 ne s'applique
qu'à certaines hypothèques légales, celles énumérées dans
l'art. 2121. Toutes les autres, à moins d'un texte spécial,
rentrent dans la règle de notre régime hypothécaire, sont
soumises au principe de spécialité. Les termes et l'esprit
des articles 490 et 517 du Code de commerce conduisent
d'ailleurs à cette solution ; en effet ils exigent que l'inscription
soit prise par les syndics au nom de la masse ; or, lorsque la
faillite est close, il n'y a plus ni masse susceptible d'acquérir

1. Arrêt précité. Dijon, 5 août 1862, S., 1862, 2, 544.

des droits, ni syndics capables de les inscrire en son nom.
L'hypothèque de la masse de la faillite est donc spéciale.

VIII. *Hypothèque de la Régie des Douanes sur les immeubles des redevables.*

Elle a été créée par décrets des 28 juillet, 2 et 6 août 1791 et loi du 22 août 1791 (titre XIII art 22 et 23) (1). Une controverse existe sur le point de savoir si ce texte doit être considéré comme toujours en vigueur, ou au contraire comme abrogé implicitement par l'adoption du Code civil. Si l'on admet que le silence du Code ne permet pas de considérer ce texte comme tacitement abrogé, d'après la règle d'interprétation « *generalia specialibus non derogant* » on doit également admettre que le silence du Code n'a pu changer le caractère que cette hypothèque avait dans l'ancien droit. et, de générale qu'elle était, la soumettre au nouveau principe de la spécialité. Le texte de la loi est d'ailleurs absolument général et vague ; il parle des « immeubles des redevables » et, si l'on voulait en faire une hypothèque spéciale, on ne saurait sur quel immeuble la faire porter.

IX. *Résumé.*

Hypothèques légales spéciales.
1. Privilège des frais de justice.
2. Privilège de séparation de patrimoine.

Hypothèques légales générales.
1. Privilège des frais funéraires.
2. Privilège des frais de dernière maladie.

1. Loi pour l'exécution du nouveau tarif des droits d'entrée et de sortie dans les relations du royaume avec l'étranger.

3. Privilège du vendeur d'immeuble et du coéchangiste.

4. Privilège du copartageant.

5. Privilège du constructeur.

6. Privilège des prêteurs de deniers subrogés au vendeur, au copartageant ou au constructeur.

7. Privilège du Trésor sur les biens des comptables.

8. Privilège de l'Etat ou des concessionnaires pour dessèchement de marais.

9. Privilège du bailleur de fonds pour l'établissement d'une usine.

10. Privilèges en matière de drainage.

11. Privilège du domanier en cas d'exponse.

12. Hypothèque des légataires à titre particulier.

13. Hypothèque de la masse de la faillite.

3. Privilège pour le salaire des gens de service.

4. Privilège des ouvriers et commis sédentaires ou voyageurs.

5. Privilège pour les mois de nourrice.

6. Privilège du Trésor pour frais de justice criminelle.

7. Hypothèque de la femme mariée.

8. Hypothèque du mineur et de l'interdit.

9. Hypothèque de certaines personnes morales sur les biens des comptables.

10. Hypothèque judiciaire.

11. Hypothèque de la régie des Douanes.

Il nous est possible maintenant de mesurer l'étendue de l'exception que le Code a apportée au nouveau principe de la spécialité. Elle est considérable. Si nous laissons de côté les six privilèges énumérés en tête de la liste des hypothèques générales, qui garantissent des créances minimes et sont d'ailleurs subsidiaires, et l'hypothèque de la régie des douanes dont l'existence est contestée et dont l'usage parait inconnu, nous restons en présence de quatre hypothèques légales générales (n°s 7, 8, 9 et 10) fort usités, et dont deux surtout, celle de la femme mariée et celle attachée à tout jugement de condamnation, menaçant le crédit de tout Français. Ainsi, l'exception au principe de la spécialité, est, dans notre droit actuel, très fréquente, et l'on peut dire journalière.

Le législateur du Code civil semble avoir compris le trouble économique et social qui en pouvait résulter, car, à côté du mal, il a mis le remède ; il a prévu d'assez nombreux cas de restriction des hypothèques légales générales. Nous les étudierons après avoir vu le fonctionnement normal de ces hypothèques et déterminé l'étendue du gage qu'elles embrassent.

Section II. — Sur quels immeubles porte normalement une hypothèque légale générale.

I

L'hypothèque générale frappe, comme nous l'avons vu, les biens présents et à venir du débiteur.

Par biens ou immeubles présents, il faut entendre ceux dont le débiteur était propriétaire au moment où a pris naissance la créance garantie par l'hypothèque légale. Par biens à venir, il faut entendre les immeubles dont il n'est devenu propriétaire qu'après la naissance de cette créance.

S'il s'agit d'une de ces hypothèques légales qui sont établies à raison de la fonction que le débiteur remplit par rapport aux biens du créancier, en qualité de mari, de tuteur ou d'administrateur comptable, il faut entendre par biens à venir et considérer à ce titre comme frappés par l'hypothèque tous les immeubles dont il est devenu propriétaire après la naissance de la créance, fût-ce même après la cessation de la fonction à raison de laquelle le législateur a créé l'hypothèque légale. Ainsi un mari devient débiteur de sa femme à raison de l'aliénation d'un de ses propres ; le mariage est dissous par la mort de la femme, et, avant que les héritiers de celle-ci n'aient fait valoir ses droits, le mari devenu veuf acquiert un immeuble ; cet immeuble sera frappé par l'hypothèque légale. Cette solution a été contestée par un petit nombre d'auteurs (1). Ils ont fait valoir deux raisons. L'une est basée sur le texte de l'article **2121**, qui attribue l'hypothèque légale aux femmes sur les biens de leurs maris, aux mineurs sur les biens de leurs tuteurs, à l'Etat sur les biens des administrateurs comptables ; or, dit-on, il n'y a plus de mari, de tuteur, d'administrateur comptable quand le mariage, la tutelle, l'administration a pris fin. La seconde est tirée de l'esprit de la loi : elle accorde l'hypothèque légale comme garantie d'une créance que la femme, le mineur, l'Etat ne peuvent le plus souvent empêcher de prendre naissance, comme contrepoids de l'administration impossible ou difficile à contrôler du mari, du tuteur, du comptable ; lorsque cette administration a pris fin, la cause génératrice du droit hypothécaire n'existant plus, celui-ci ne peut plus naître : les biens déjà frappés de l'hypothèque légale continueront à y être soumis, les biens postérieurement acquis ne pourront en être grevés. La grande majorité des auteurs et la jurisprudence ont à maintes reprises réfuté ces objections et maintenu la solution que nous indiquons plus haut. Le langage du droit, comme celui du monde, qualifie de mari, tuteur, comptable, aussi bien celui qui a cessé de l'être que celui qui l'est encore actuellement. L'autre argument repose sur une confusion. Il ne s'agit pas de savoir si un droit hypothécaire nouveau prendra nais-

1. Voyez notamment Cubain. *Droits des femmes*, n° 527.

Chereau 7

sance, mais bien, ce qui est autre chose, si un droit hypothécaire déjà né s'étendra à un nouvel immeuble. L'esprit
de la loi est de ne protéger que les créances nées dans
l'exercice des fonctions du mari, du tuteur, du comptable,
et de ne pas attacher la garantie de l'hypothèque légale à
celles qui prendraient ultérieurement naissance entre ces
mêmes personnes et celles dont elles ont autrefois géré
les biens ; mais, ce point résolu, et s'agissant d'une
créance jugée digne de la protection de l'hypothèque
légale, il n'existe rationnellement aucun motif pour qu'une
partie des biens à venir du débiteur soit soustraite à cette
hypothèque. Enfin, l'article **2122** est formel et ne comporte
aucune restriction. C'est ce dernier argument que la jurisprudence a surtout développé (**1**).

S'il importe de donner à l'hypothèque générale toute son
étendue, il n'importe pas moins de ne pas exagérer cette
étendue au delà des termes où la loi l'a très judicieuse-
ment restreinte ; or, la loi ne parle que des immeubles
appartenant au débiteur. Il en faut conclure que l'hypothèque générale ne frappe pas les immeubles personnels des héritiers du débiteur, eussent-ils accepté purement et simplement la succession de leur auteur. Cette
solution, admise par tous les auteurs et par la jurisprudence (**2**), est d'ailleurs conforme à la tradition de l'ancien
droit.

Le principe de la généralité, combiné avec celui du

1. Cassation, 17 juillet 1844, S., 1844, 1, 641 ; Lyon, 23 novembre
1850, S., 1851, 2, 87 ; Lyon, 3 juillet 1867, cité à propos d'un arrêt de
rejet de la Cour de cassation qui n'a pas eu à statuer sur ce point. S.,
1869, 1, 345.
2. Agen, 15 janvier 1825, S., 1826, 2. 129.

droit de suite attaché à toute hypothèque, conduit à des résultats particulièrement graves pour le débiteur, et qui font toucher du doigt l'étendue de l'atteinte qu'une seule de ces hypothèques porte à son crédit. En effet, le créancier profite de tout accroissement immobilier du patrimoine de son débiteur, sans souffrir d'aucune diminution de ce patrimoine immobilier, fût-elle, directement ou indirectement, la contrepartie de l'accroissement.

Est-ce à dire cependant que l'immeuble sorti du patrimoine du débiteur continuera à être frappé par l'hypothèque légale de la même manière que s'il était resté dans le patrimoine de son débiteur ? Evidemment non. A partir de la transcription de l'aliénation qui l'en a fait sortir, il ne peut plus être grevé, entre les mains de l'acquéreur, d'aucune charge réelle nouvelle du chef de l'aliénateur, il ne sera donc pas frappé par l'hypothèque légale d'un créancier de celui-ci, en tant qu'elle garantirait des créances nées postérieurement à cette transcription. Cette solution reste vraie même au cas — d'ailleurs assez rare, — où l'hypothèque rétroagit à une date antérieure à la fois à la naissance de la créance et à la transcription de l'aliénation (1). En effet la créance naissant après la transcription ne peut avoir l'immeuble pour garantie. Comment l'hypothèque pourrait-elle rétroagir ? elle ne peut avoir de rang avant d'exister ; la rétroactivité ne peut se produire

1. Cela arrive pour quelques créances de la femme pour lesquelles l'hypothèque rétroagit au jour du mariage, bien qu'elles ne soient nées que plus tard : créances résultant des dégradations commises par le mari sur l'immeuble dotal ou propre possédé par la femme lors de son mariage ; créance fondée sur ce que le mari a reçu le prix de vente d'un immeuble dotal ; ou sur ce qu'il a touché, en vertu du contrat, le montant de créances paraphernales.

que relativement aux immeubles dont le débiteur est encore propriétaire au moment où la créance a pris naissance (1).

Sous réserve de cette observation, l'immeuble qui sort du patrimoine du débiteur continue à être grevé de l'hypothèque générale, à cause du droit de suite, quand même il serait la contre-partie de l'entrée dans ce patrimoine d'un autre immeuble, qui, lui aussi, va se trouver grevé de l'hypothèque générale, à cause de sa généralité. C'est ce qui arrive notamment en cas d'échange (2), et l'on comprend difficilement que deux auteurs, Solatges dans l'ancien droit, et Grenier, depuis le Code Civil, aient enseigné le contraire et prétendu que, dans ce cas, l'immeuble sorti du patrimoine du débiteur, cessait d'être frappé par l'hypothèque générale. Solatges, se basant sur l'adage « *Subrogatum capit naturam subrogati* », décidait que « le fonds baillé en échange serait libre entre les mains de celui qui l'aurait à ce titre » ; Grenier fondait la même solution sur des raisons d'équité, disant qu'avec la solution inverse le créancier aurait une hypothèque double de celle sur laquelle il devrait compter. Ces deux opinions sont restées absolument isolées et ont été repoussées et par la doctrine et par la jurisprudence.

On peut résumer ces effets de la généralité des hypothèques en disant qu'une hypothèque générale grève dans le patrimoine du débiteur tous les éléments qu'il pourrait

1. Cassation 11 février 1867, D., 1867, 1, 465 ; Nancy, 22 mai 1869, S., 1869, 2 225, (note de M. Lyon-Caen) ; Bordeaux, 22 juillet 1869, S., 1870, 2, 80.
2. Toulouse, 13 février 1858, D., 1858, 2, 56 ; Bordeaux, 27 janvier 1891, D., 1892, 2, 464.

conventionnellement affecter d'hypothèque, ou encore, suivant la formule très heureuse de M. Pont (1), que « les immeubles du débiteur sont grevés d'une manière immédiate quant à ceux qu'il possède, au moment où l'hypothèque prend naissance, et, quant à ceux qu'il acquiert ultérieurement à mesure qu'il les acquiert et quel que soit le titre d'acquisition ».

Nous n'examinerons pas toutes les applications de ce principe, qui sont très nombreuses, mais seulement quelques-unes d'entre elles qui ont donné lieu à des difficultés particulières.

L'hypothèque générale frappe-t-elle l'immeuble sur lequel le débiteur a un droit de propriété sous condition soit suspensive, soit résolutoire ?

L'article 2125 fournit indirectement la réponse à cette question. Statuant sur l'hypothèque conventionnelle il décide : 1° que celui qui a sur l'immeuble un « droit suspendu par une condition » ou « résoluble dans certains cas » peut conventionnellement hypothéquer cet immeuble ; et 2° que cette hypothèque sera « soumise aux mêmes conditions ou à la même récision ». Il faut, sans hésiter, transporter l'une et l'autre solution dans le domaine de l'hypothèque légale générale, puisque, comme nous l'avons vu, par suite de son caractère de généralité, elle atteint de plein droit et en vertu de la loi tous les biens ou droits que le débiteur pourrait conventionnellement grever d'hypothèque (2). L'hypothèque générale frappe donc tous les

---

1. Pont, tome 1, n° 512.
2. A l'exception toutefois des navires, les lois sur l'hypothèque maritime ayant formellement décidé que cette hypothèque ne pourrait jamais être que conventionnelle, et que les navires ne seraient jamais frappés par les hypothèques légales.

droits immobiliers, susceptibles par leur nature d'être hypothéqués, qui se trouvent dans le patrimoine du débiteur au moment où elle prend naissance ou y surviennent postérieurement, ces droits fussent-ils affectés d'une condition suspensive ou résolutoire ; mais l'hypothèque est alors elle-même affectée de cette condition.

Une espèce particulièrement intéressante va nous fournir l'occasion de développer cette règle et de la mettre en lumière.

En **1811**, les consorts Crétin avaient vendu au sieur Lefaivre un domaine, en stipulant pour l'exercice du droit de réméré un délai de deux ans. En **1812**, un sieur Renaud, créancier des consorts Crétin, obtenait jugement contre eux et prenait inscription d'hypothèque judiciaire sur tous leurs biens présents et à venir. Ultérieurement, les consorts Crétin cédaient à un sieur Bardey leur droit au réméré et celui-ci exerçait le rachat dans le délai utile. Le sieur Renaud pouvait-il exercer son hypothèque judiciaire sur le bien racheté par Bardey ? La Cour de Cassation décida que cela n'était pas possible (1). Elle donna à l'appui de sa solution deux séries d'arguments.

« Attendu sur le premier moyen que la propriété est la base indispensable de toute affectation hypothécaire ; qu'en matière de vente à faculté de réméré, et pendant le délai fixé pour exercer cette faculté, les droits de propriété appartiennent exclusivement à l'acquéreur ; qu'attribuer ces droits au vendeur, ce serait confondre la vente à réméré avec un simple contrat d'engagement... Attendu que de ces principes incontestables résulte la conséquence

1. Cassation, 21 décembre 1825, D., 1826, 1, 43, S., 1824, 1. 275.

que l'acquéreur seul a sur le bien vendu, le *jus in re*, c'est-à-dire le droit d'aliéner et d'hypothéquer, avec la chance toutefois que présente la clause résolutoire, tandis que le vendeur dessaisi n'a plus que le *jus ad rem* dans l'action qu'il s'est réservée et que cette action est tout ce qu'il peut céder à des tiers et tout ce dont ses créanciers peuvent se prévaloir en son nom ». Cette première série de motifs a été combattue très vigoureusement par M. Pont, dans son commentaire sur l'article 2125 (1) ; ils ne tendent à rien moins en effet, en décidant que le vendeur à réméré n'a plus qu'un *jus ad rem* non susceptible de servir de base à une affectation hypothécaire, qu'à interdire au vendeur à réméré le droit d'hypothéquer conventionnellement le bien par lui vendu. « Il est de principe, dit M. Pont, que la vente à réméré ne transmet à l'acquéreur qu'une propriété résoluble.... ; or il est de toute évidence que la propriété sous condition résolutoire implique une autre propriété sous condition suspensive ; il y a là une corrélation nécessaire... Assurément nous sommes loin de ce *jus ad rem* dont parlent les arrêts, et le droit du vendeur pendant le délai du réméré est bien réellement un droit suspendu par une condition. Cela étant, la question est résolue par notre article même. Le vendeur à réméré peut donc constituer hypothèque.... ». Aussi M. Pont, dans une note mise au bas de ce passage, déclare-t-il n'approuver l'arrêt précité de la Cour de Cassation qu'à raison de ses autres motifs : nous en parlerons tout à l'heure. On est donc très étonné, en lisant le commentaire du même auteur sur l'article 2122 (2) de l'entendre approu-

1. Pont, tome II, no 639.
2. Pont, tome I, no 516.

ver le même arrêt de la Cour de Cassation, non pas pour la seconde série d'arguments, mais pour la première, qu'il s'approprie formellement : « La vente en réméré ayant dès lors transporté la propriété à l'acquéreur, quoique sous condition résolutoire, l'hypothèque légale postérieure ne s'étendrait pas en cet état sur l'immeuble ». Il y a, croyons-nous, contradiction formelle entre ces deux solutions. Si l'on admet que la vente à réméré d'un immeuble laisse subsister dans le patrimoine du vendeur un droit susceptible d'hypothèque conventionnelle postérieure, comment ne pas admettre qu'elle y laisse subsister un droit susceptible d'être frappé par une hypothèque générale postérieure ? Où est la différence entre ces deux situations ? La grande majorité des auteurs admet la première solution ; il serait logique, croyons-nous, qu'elle admît la seconde.

Nous croyons donc avoir démontré, contrairement à l'avis de la Cour suprême, que l'hypothèque générale qui frappe le patrimoine d'un vendeur à réméré y atteint, à titre de bien présent, le droit conditionnel qu'il a sur l'immeuble vendu. Seulement, cette hypothèque est elle même conditionnelle : elle est subordonnée à cette condition que l'exercice du réméré sera effectué.

Cette condition sera-t-elle suffisamment remplie au regard des créanciers hypothécaires, si, comme dans l'espèce que nous analysons, la faculté de rachat est exercée, non par le vendeur lui-même, mais par un tiers à qui il a cédé son droit au réméré ? Bien que la question soit des plus délicates, nous croyons devoir y répondre par l'affirmative. Lorsque le vendeur cède à un tiers, postérieurement à la naissance de l'hypothèque légale, son droit au réméré, il lui cède en réalité un droit de propriété sous condition suspensive et grevé d'une charge hypothécaire. Si le tiers exerce le rachat, le droit de propriété devient entre ses mains pur et simple, mais ne cesse pas d'être grevé de l'hypothèque ; le même acte, en accomplissant la condition, a rendu purs et simples et le droit de propriété sur l'immeuble et la charge hypothécaire, puisque l'un et l'autre sont soumis, d'après la loi, à la même condition. Pour qu'il en fût autrement, il faudrait que la cession du droit de rachat, faite par le vendeur à réméré, eût fait définitivement défaillir la condition mise à l'existence de l'hypothèque. C'est bien en effet ce qu'a décidé la cour de cassation : « Attendu que le cessionnaire devenu acquéreur par l'exercice de la faculté de réméré, est censé sans doute tenir son droit du vendeur ; mais que le droit remonte à la vente même, puisque l'acquéreur a faculté de réméré a mis le cessionnaire en son lieu et place, et que la cession, vis-à-vis du vendeur, a eu le même effet que si lui, vendeur, avait renoncé à la faculté qu'il s'était réservée... » Il y a là une erreur. La condition à laquelle est soumise l'hypothèque est, d'après l'article 2125, la même que celle à laquelle est soumis le droit de propriété du vendeur à réméré, c'est-à-dire que l'exercice du réméré aura lieu, que le rachat sera effectué, mais rien de plus, et c'est ajouter à la loi que d'exiger qu'il soit effectué par le vendeur lui-même. En cédant son droit au réméré, le vendeur renonce bien au droit de l'exercer lui-même, mais il ne renonce pas, comme le dit à tort la cour suprême, à la faculté même de rachat ; transmettre un droit à un tiers est précisément le contraire de renoncer à ce droit. Il ne fait donc défaillir ni la condition mise au droit de propriété qu'il transmet, ni celle mise à l'existence de l'hypothèque qu'il transmet en même temps. Le jour où le concessionnaire exerce le rachat, il réalise cette condition à la fois quant au droit de propriété et quant à l'hypothèque qui le grève : il devient, en d'autres termes, propriétaire d'un bien grevé d'hypothèque du chef de son auteur.

Résumons-nous. L'hypothèque légale générale frappe, dans le patrimoine du débiteur, tous les biens ou droits que celui-ci pouvait conventionnellement grever d'hypothèque ; elle frappe donc l'immeuble sur lequel le débiteur a un droit de propriété soumis à une condition suspensive ou résolutoire. Elle est alors soumise à la même condition, et devient pure et simple si la condition suspensive s'accomplit ou si la condition résolutoire défaille, ce qui d'ailleurs peut arriver par le fait d'un tiers tenant ses droits du débiteur, aussi bien que par le fait du débiteur lui-même.

L'hypothèque générale frappe-t-elle l'immeuble dont le débiteur est propriétaire indivis comme l'ayant recueilli dans une succession à laquelle il était appelé avec d'autres héritiers ?

Elle le frappe, mais sous réserve de l'application de l'article 883 du Code civil, c'est-à-dire de l'effet déclaratif du partage. Si l'immeuble par suite du partage ou de la licitation, est attribué à l'un des cohéritiers du débiteur, il est censé n'avoir jamais, même pour partie, appartenu à celui-ci, et n'est pas grevé de l'hypothèque générale.

L'hypothèque générale frappe-t-elle l'immeuble d'une société dont le débiteur est un des associés ?

Il faut distinguer suivant que la société dont fait partie le débiteur a ou n'a pas la personnalité civile.

S'agit-il d'une société sans personnalité civile, l'immeu-

ble appartient alors par indivis aux coassociés. Il est donc,
pendant la durée de la société, grevé des hypothèques légales qui grèvent les patrimoines des divers associés, et,
s'il est vendu par eux à un tiers, ces hypothèques le suivent
entre les mains de ce tiers. Mais si, après la dissolution de
la société, il est mis par le partage dans le lot d'un des
coassociés, il y entre, par suite de l'effet déclaratif du
partage, libre de toutes hypothèques légales du chef des
autres coassociés, grevé seulement de celles du chef de
l'associé attributaire (1).

S'agit-il au contraire d'une société ayant la personnalité
civile, l'immeuble, pendant toute la durée de la société, et,
même après sa dissolution, tant que la liquidation n'est pas
terminée, appartient pour le tout à la personne morale ; le
droit de chaque associé est purement mobilier. L'immeuble
social ne sera pas frappé des hypothèques générales grevant les patrimoines des associés, car il ne figure pas,
même pour partie, dans ces patrimoines. S'il est vendu à
un tiers étranger à la société, il passera dans les mains de
ce tiers libre de toute hypothèque légale. Mais si le partage
de la société le fait entrer dans le patrimoine d'un des associés, il sera atteint par les hypothèques générales qui
grèvent ce patrimoine, et par celles-là seulement. La jurisprudence est en ce sens (2).

II

Il nous reste à étudier quelques questions relatives à certaines hypothèques légales générales.

1. Metz, 31 décembre 1867, S., 1869, 2, 5.
2. Cassation 29 mai 1865, S., 1865, 1, 325 ; Orléans 26 août 1869, S.,
1870, 2, 113 ; Cassation 23 février 1891, S., 1892, 1, 73.

L'hypothèque légale de la femme mariée porte-t-elle sur les conquets de communauté ? Telle est la question qui se pose sous tous les régimes qui comportent des biens communs, c'est-à-dire sous le régime de communauté légale ou conventionnelle et aussi sous le régime dotal lorsque les époux y ont joint une société d'acquets, clause très usitée.

La réponse n'est pas douteuse : en principe les conquets de communauté sont aussi bien frappés par l'hypothèque de la femme que les propres du mari. En effet l'hypothèque légale générale frappe de plein droit tous les biens que le débiteur pourrait conventionnellement grever d'hypothèque ; or, l'article 1422 est formel, le mari, bien que n'étant, pendant la durée de la communauté, que copropriétaire des biens qui la composent, peut, seul et sans le concours de sa femme, les grever d'hypothèque, absolument comme il pourrait le faire pour ses biens personnels. Il en résulte que toute hypothèque générale, et notamment celle de la femme, frappant les biens du mari, frappera les conquêts de communauté au même titre (1).

Indiquons en quelques mots la conséquence de cette théorie.

Les conquets non aliénés resteront tous frappés de l'hypothèque de la femme, si elle renonce à la communauté, puisqu'alors ils seront en totalité et en pleine propriété conservés par le mari. Si au contraire la femme accepte la

1. La jurisprudence est constante en ce sens. Voir notamment, parmi les nombreux arrêts qui ont statué sur la question: Rouen 11 mars 1846, S., 1846, 2, 503 ; Cassation 16 novembre 1847, S., 1848, 1, 25 ; Colmar 1er mars 1855, S., 1856, 2, 577 ; Bordeaux 28 juin 1870, S., 1870 2, 326 ; Voir également Pont, tome Ier, nos 521 et suivants : Bertauld. De l'hypothèque légale de la femme mariée sur les conquêts de la communauté.

communauté, ceux de ces conquets qui tomberont dans son lot étant réputés par suite de l'effet déclaratif du partage, lui avoir toujours appartenu, seront également réputés n'avoir jamais été grevés par son hypothèque légale, car personne ne peut avoir hypothèque sur son propre bien ; l'hypothèque dans ce cas sera donc réduite à ceux des conquets non aliénés qui tomberont au lot du mari (1).

Quant aux conquets aliénés par le mari, ils restent, entre les mains des tiers acquéreurs, grevés de l'hypothèque de la femme, pour la garantie de toute créance née antérieurement à la transcription de l'acte d'aliénation. Tel est le principe. Son application ne souffre aucune difficulté si l'aliénation des conquets a été faite par le mari postérieurement à la dissolution de la communauté. Elle n'en souffre guère plus, au cas où l'aliénation a eu lieu pendant la communauté, si la femme renonce (2). Au contraire, c'est une question très délicate et qui soulève encore aujourd'hui de nombreuses controverses de savoir si, et dans quelles conditions, l'acceptation de la communauté par la femme la prive du droit d'invoquer le bénéfice de son hypothèque légale, soit à l'encontre des acquéreurs sur

1. Cassation 1er août 1848, S., 1848, 1, 727. Cette question n'intéresse pas la femme elle-même, qui ne peut songer à faire valoir l'hypothèque sur des biens devenus siens, mais elle intéresse les créanciers que la femme a subrogés à son hypothèque légale. Voyez en sens opposé : Pont, tome I, n° 522.

2. Quelques auteurs (Persil, questions hypothécaires 1, p. 235 ; Delvincourt III, p. 165, Valette, p. 258) ont cependant élevé quelques objections contre cette solution ; leur opinion est restée isolée et a été trop souvent et victorieusement réfutée pour que nous croyons utile d'insister davantage sur cette question. Voir notamment dans notre sens : Aubry et Rau III, § 264 *ter*, texte et note 30. — Pont I, n° 529. — Baudry Lacantinerie et de Loynes I. n° 1006 et les arrêts cités par ces auteurs.

les conquets aliénés par le mari pendant la durée de la communauté, soit à l'encontre des créanciers auxquels le mari a, pendant la même durée, consenti des hypothèques sur les conquets. Cette controverse mettant en jeu des principes absolument étrangers à celui de la spécialité des hypothèques, il ne nous appartient pas de l'examiner ici.

L'hypothèque légale de la femme mariée, par exception à la règle que, si le débiteur est propriétaire de certains immeubles sous condition résolutoire, l'hypothèque qui grève ces immeubles est elle-même affectée de la même condition et disparaît si cette condition vient à se réaliser, continue, dans deux cas particuliers, et en vertu de dispositions expresses de la loi, à grever l'immeuble malgré l'évènement de la condition résolutoire qui a anéanti rétroactivement le droit de propriété du mari. Le premier cas est celui du retour conventionnel (art. 592), le deuxième, celui de la substitution (art. 1054). Il suffit d'indiquer ici ces exceptions au droit commun.

Indiquons enfin que toute hypothèque générale — par exemple celle du mineur sur les biens de son tuteur — porte, si le débiteur est marié, sur les conquets de communauté, mais s'évanouit sur ceux qui, en cas d'acceptation par la femme, tombent dans son lot, car elle est censée en avoir toujours été seule propriétaire. Cependant s'il s'agit d'une hypothèque judiciaire et que le jugement de condamnation ait été prononcé pendant le mariage, les conquets mis au lot de la femme restent grevés de cette hypothèque, car la femme est censée avoir été représentée par son mari dans tous les actes et jugements où il a figuré comme chef de la communauté.

Section III. — Des divers cas de restriction des hypothèques générales

I. *Restriction légale.*

Dans un cas particulier, la loi elle-même a pris soin de restreindre l'étendue du gage hypothécaire, telle qu'elle résulte normalement d'une hypothèque légale générale. Ce cas est celui de l'hypothèque de la femme mariée lorsque le mari est en faillite. Le droit commun conduisait en effet ici à des conséquences particulièrement fâcheuses; il permettait à la femme d'exercer ses reprises, à l'encontre des créanciers de la faillite, sur tous les immeubles du failli, eussent-ils été acquis par celui-ci avec les deniers commerciaux. Le même événement qui vidait la caisse commerciale, et provoquait peut-être la faillite, augmentait le gage hypothécaire de la femme : la porte était ouverte à toutes les fraudes.

La loi de 1807 sur les faillites (ancien article 551 du Code de commerce), pour remédier à cet inconvénient, tomba dans un excès contraire en réduisant l'hypothèque aux seuls biens que possédait le mari au moment du mariage. La loi du 28 mai 1838, qui l'a remplacée, a su garder une juste mesure. Elle dispose ainsi (Code de commerce, art. 563 nouveau) : « Lorsque le mari sera commerçant au moment du mariage, ou lorsque, n'ayant pas alors d'autre profession déterminée, il sera devenu commerçant dans l'année, les immeubles qui lui appartiendraient à l'époque de la célébration du mariage, ou qui lui seraient advenus depuis, soit par succession, soit par donation entre vifs ou testamentaire, seront seuls soumis à l'hypothèque de la femme ». Il résulte de ce texte que tout immeuble du mari acquis à titre onéreux pendant le mariage est soustrait à l'hypothèque légale de la femme : la loi établit une sorte de présomption *juris* et de *jure* que l'immeuble a été payé avec des deniers commerciaux, et en conséquence, elle ne permet pas à la femme de le soustraire par l'exercice de son hypothèque légale à l'actif de la faillite.

L'application de ce texte a soulevé de nombreuses difficultés. Il ne nous appartient pas d'examiner celles relatives aux personnes qui peuvent se prévaloir contre la femme de l'article 563 du Code de commerce ; il rentre au contraire dans notre sujet d'étudier celles que font naître les acquisitions par voie d'échange ou de licitation ou partage.

Si l'on s'en tenait rigoureusement à la lettre de la loi, il faudrait décider que tout immeuble acquis pendant le mariage par voie d'échange serait affranchi de l'hypothèque légale, puisque ce mode d'acquisition ne rentre pas dans ceux que la loi énumère à propos des immeubles seuls soumis à l'hypothèque. On admet cependant généralement la solution contraire lorsqu'il s'agit d'un échange fait but à but, et que l'immeuble donné par le mari était grevé de l'hypothèque légale ; alors, en effet, l'immeuble reçu est dans le patrimoine du mari la représentation de celui aliéné et il n'y a pas possibilité de fraude à l'égard des créanciers. L'immeuble acquis en échange ne sera donc soustrait à l'hypothèque légale de la femme que dans le cas où l'échange a lieu moyennant une soulte d'une certaine importance mise à la charge du mari ; alors il y a, pour partie au moins. un véritable achat ; alors réapparaissent la possibilité d'une fraude et les motifs de la loi. En d'autres termes, pour l'application de l'article 563 du Code de commerce dans cette hypothèse, la grande majorité des auteurs s'accorde à considérer l'esprit plutôt que la lettre de la loi, à faire prévaloir, en cas de désaccord, la formule virtuelle sur celle réellement exprimée, à procéder, en un mot, par voie d'exclusion de certains immeubles, dont la possession par le mari peut être suspecte, et non par voie d'énumération de ceux qui restent soumis à l'hypothèque de la femme.

Dans le cas de licitation ou partage, la difficulté naît de l'article 883 du Code civil qui déclare rétroactif l'effet du partage ou de la licitation et décide que chaque copropriétaire est censé avoir toujours été seul propriétaire, depuis l'événement qui a donné naissance à l'indivision, de tous les effets compris dans son lot ou à lui échus sur licitation. La difficulté apparaît dans deux hypothèses : celle d'une copropriété acquise au mari avant le mariage par une cause quelconque ; celle d'une copropriété acquise au mari pendant le mariage à titre lucratif, par succession ou donation. Si, dans une de ces deux hypothèses, le mari copropriétaire acquiert pendant le mariage la totalité de l'imeuble par licitation ou partage, et vient ensuite à faire faillite, sur quoi portera l'hypothèque légale de la femme ? Toute la question se ramène à celle-ci : Le législateur de 1838, en édictant l'article 563 du Code de commerce a-t-il entendu déroger, pour le cas spécial qu'il prévoyait, au principe de l'article 883 du Code civil, ou, au contraire, la règle qu'il posait peut-elle se concilier avec ce principe général ? Si l'on adopte la première opinion, il faut décider que l'hypothèque ne portera que sur la partie de l'immeuble appartenant au mari avant partage ou licitation et non sur les autres parts indivises, lesquelles sont échues au mari en cours de mariage et à titre onéreux ; si au contraire on adopte la seconde, il faut décider que le mari étant censé, en vertu de l'article 883, avoir toujours été, depuis le moment et en vertu de l'acte qui a donné naissance à l'indivision, seul propriétaire de tout l'immeuble à lui échu, cet immeuble sera en totalité, dans nos deux hypothèses, soumis à l'hypothèque de la femme.

Sur cette grave question, qui s'est présentée à maintes reprises dans la pratique, les auteurs sont divisés, et, jusqu'en 1866, la jurisprudence des cours d'appel paraissait également incertaine. En 1867 et 1868, deux Cours d'appel se sont prononcées en faveur de la seconde opinion et ont permis à la femme de faire valoir son hypothèque sur la totalité de l'immeuble ; et la Cour de cassation, pour la première fois saisie de la question, s'est, le même jour, prononcée dans le même sens par deux arrêts de rejet des pourvois ; la question ne paraît pas avoir été soulevée depuis lors devant les tribunaux (1).

Nous ne saurions nous rallier à l'opinion de la Cour de cassation. A notre avis, l'article 563 du Code de commerce

1. Dans le sens de la première opinion (article 563. C. Com. dérogeant à article 883, C. civ.), voir : Aubry et Rau III, § 264 *ter*, texte et note 52 ; Lyon Caen et Renault. *Droit commercial*, tome II, n° 3053 ; Bourges 2 février 1836, S., 1837, 2, 465 ; Paris, 8 avril 1853, S., 1853, 2, 565 ; Caen, 21 avril 1866, S.. 1868, 2, 270.
Dans le sens de la deuxième opinion (hypothèque s'étendant à tout l'immeuble), voir : Pont, tome I, n° 536 ; Limoges 14 mai 1853, S., 1853, 2, 567 ; Grenoble 5 août 1857, S., 1858, 2, 633 ; Metz 14 novembre 1867, S., 1868, 2, 270 ; Douai 26 novembre 1868, S., 1868, 2, 334 Cassation 10 novembre 1869, S., 1870, 1. 5, avec note de M. Labbé en ce sens.

postérieur à l'article 883 du Code civil, incompatible avec lui, visant d'ailleurs un cas spécial, doit être considéré comme une dérogation apportée au principe de la rétro-activité de la licitation. L'interprétation opposée va contre le but même de la loi de 1838. Quoique moins rigoureuse que celle de 1807, cette loi n'en est pas moins conçue dans le même esprit ; elle ne s'est pas écartée de la pensée fon-damentale qui avait inspiré le Code de commerce ; elle n'a pas plus que lui voulu accorder à la femme un gage acquis avec l'argent des créanciers du mari. Sa véritable formule, nous l'avons vu à propos du cas d'échange, c'est d'affran-chir, en cas de faillite du mari, les biens acquis à titre oné-reux pendant le mariage, et cela en vertu d'une présomp-tion irréfragable d'acquisition frauduleurse. Or, n'est-ce pas précisément le cas de nos deux hypothèses ? Un mari acquiert pendant le mariage, à titre d'héritier, le tiers in-divis d'un immeuble ; sur licitation, il se rend acquéreur des deux autres tiers échus à ses cohéritiers. Ne devra-t-il pas leur payer leurs parts dans le prix ? N'y-a-t-il pas là, en fait et dans la réalité des choses, une véritable acquisi-tion à titre onéreux des deux tiers de l'immemble ? Le danger de fraude n'existe-t-il pas ? C'était le cas d'écarter la fiction de l'article 883, et, à notre avis, c'est ce que le législateur de 1838 a voulu faire (1).

1. Il résulte d'ailleurs de ces motifs mêmes que nous apportons une restriction à notre solution pour le cas où le prix de l'immeuble adjugé au mari cohéritier ou mis dans son lot n'excède pas l'estimation de la part totale du mari dans la succession entière ; alors en effet il s'acquitte de ce prix par l'abandon à ses cohéritiers du reste des valeurs héréditaires ; tout danger de fraude est écarté, et l'article 563 devient inapplicable ; il y a bien alors, pour la totalité de l'immeuble, une acquisition à titre gra-tuit réalisée par le mari, puisqu'il ne prend rien en dehors de la succes-sion pour payer son prix ; l'hypothèque de la femme portera donc sur tout l'immeuble.

Quelles sont donc les raisons que donnent à l'appui de leur opinion les partisans du système opposé? La Cour de cassation résout la question par la question. Elle affirme que « si l'article 563 du Code de commerce restreint l'hypothèque de la femme..... il n'apporte aucune dérogation aux principes généraux du Code civil....., que la loi, pour écarter tout soupçon de fraude envers les créanciers, considère uniquement.... le titre essentiellement gratuit des acquisitions postérieures ; que l'article 563, en prévoyant spécialement le cas de succession admet par là même l'éventualité d'un partage avec tous ses effets légaux et notamment le caractère déclaratif qui y est attaché par l'article 883 du Code Napoléon ». Ce sont là des arguments bien fragiles, et l'un des partisans de cette solution est le premier à le reconnaître (1). Aussi M. Pont a-t-il essayé d'étayer ce système d'un nouvel argument très spécieux, tiré de la discussion qui a précédé le vote de l'article 563 ; mais cet argument repose sur une confusion. Il est tiré de paroles de M. Renouard, impliquant l'application du principe de rétroactivité de l'article 883 au cas où le mari reçoit en immeubles sa part et rien de plus que sa part héréditaire, et non au cas — le seul qui nous occupe — où le mari débourse de son patrimoine pour acquérir les parts de ces cohéritiers. Cette discussion de la loi de 1838 nous paraît au contraire fournir un argument à l'appui de notre solution ; elle fait comprendre pourquoi le législateur, voulant prévenir les fraudes, et soustraire à l'hypothèque de la femme tout immeuble dont l'acquisition est suspecte, a employé une formule si défectueuse, et qui, appliquée à la

1. Note précipitée de M. Labbé.

lettre, trahirait sa pensée. Il n'ignorait pas les dangers de fraude auxquels donne lieu le partage ou la licitation avec application de l'article 883, mais il croyait trouver dans l'article 882 un remède suffisant pour les conjurer (1). Il n'en est rien. Les créanciers présents au partage peuvent bien sans doute s'opposer à ce que des immeubles partageables en nature soient mis en vente sur licitation, mais ils ne peuvent ni empêcher de mettre aux enchères un immeuble indivis dont le partage en nature serait désavantageux, ni empêcher leur débiteur, non encore failli, de se porter enchérisseur. Cette erreur du législateur explique la rédaction défectueuse de l'article 563 du Code de commerce ; elle n'infirme nullement l'esprit général de cet article : écrit en vue de prévenir les fraudes, il doit nécessairement, pour atteindre ce but, être inteprété comme dérogeant à l'article 883 du Code civil.

II. *Restriction conventionnelle.*

La restriction conventionnelle des hypothèques générales est celle qui résulte d'un accord survenu entre les parties ; elle offre le même intérêt et peut logiquement se concevoir à propos de toutes les hypothèques qui ont le caractère de généralité ; cependant on ne trouve dans le Code aucun texte établissant sur cette matière une théorie d'ensemble. Le Code n'a réglementé cette restriction que pour l'hypothèque de la femme marié (articles 2140 et 2144) et pour celle du mineur et de l'interdit (article 2141). Les articles 2140 et 2141 prévoient, l'un pour l'hypothèque de la femme, l'autre pour celle du mineur et de l'in-

1. Discours de M. Moreau à la Chambre des députés, séance du 23 février 1835. *Moniteur* du 24 février 1835, p. 405.

terdit, une restriction conventionnelle contemporaine de la naissance même de l'hypothèque ; l'article 2144 au contraire suppose l'hypothèque de la femme ayant pris naissance sans restriction, avec son caractère normal de généralité, et permet de la restreindre pendant la durée du mariage.

Nous étudierons donc d'abord, d'après le Code, la restriction de l'hypothèque légale de la femme mariée et de celle du mineur ou de l'interdit, au moment même où elles prennent naissance ; en second lieu, la restriction de l'hypothèque légale de la femme en cours de mariage : enfin, nous rechercherons si les principes permettent d'édifier une théorie applicable, dans le silence de la loi, à toutes les hypothèques générales.

Il va sans dire d'ailleurs que nous nous en tiendrons uniquement aux grandes lignes de la question, notre but étant moins d'étudier les cas de restriction pour eux-mêmes que pour apprécier en connaissance de cause s'ils sont un remède suffisant aux inconvénients de la généralité d'un grand nombre de nos hypothèques légales.

1°

Le trait saillant de la restriction conventionnelle prévue par le Code pour l'hypothèque de la femme mariée et pour celle du mineur et de l'interdit, au moment où elles prennent naissance, ce qui lui donne sa physionomie caractéristique, c'est d'une part que la loi permet au créancier, femme, mineur ou interdit, d'accord avec le débiteur, de diminuer dans certains cas et sous certaines conditions, l'étendue de la garantie qu'elle a créée en sa faveur, et c'est d'autre part, qu'elle ne lui permet pas d'abandonner complètement cette garantie.

Le texte des articles 2140 et 2141 ne laisse aucun doute sur ce dernier point. « Il ne pourra pas être couvenu, dit l'article 2140 en parlant de l'hypothèque de la femme, qu'il ne sera pris aucune inscription ». « Il en sera de même...» dit l'article 2141 à propos de l'hypothèque du mineur ou de l'interdit. La discussion de la loi au Conseil d'Etat nous fait très clairement connaître les motifs de cette défense(1). Le projet de loi permettrait d'affranchir tous les immeubles du mari ou du tuteur de l'hypothèque légale. Bigot Préameneu ayant proposé d'interdire cette renonciation totale au bénéfice de l'hypothèque légale, sa proposition fut très vivement combattue par les partisans de la rédaction primitive, très vivement soutenues par certains autres orateurs, notamment par le premier Consul et Cambacérès. De part et d'autre, les premiers arguments mis en avant n'avaient pas une grande portée et étaient facilement réfutés (2). Enfin, la question fut placée sous son véritable jour. L'hypothèque légale de la femme mariée, celle du mineur et de l'interdit sont des mesures de protection accordées par la loi à des personnes dont, à raison de leur

1. Fenet, XV, p. 367 et suivantes. Locré, XVI, p. 260 et suivantes.

2. « Au moment où les parties arrêtent leurs conventions matrimoniales, elles jouissent de la liberté la plus illimitée de stipuler ce qui leur plaît ; elles peuvent se donner tous leurs biens ; comment donc leur refuser le droit, beaucoup moins considérable, de convenir que les biens du mari ne seront point chargés des hypothèques de la femme » ? (Treilhard). A quoi le premier consul répondit fort justement : « M. Treilhard s'est appuyé sur le principe que, qui peut le plus, peut le moins ; ce principe est incontestable lorsqu'il s'agit de choses du même ordre, mais il ne peut plus être appliqué lorsqu'il s'agit de choses d'un ordre différent... il est difficile de concevoir comment une femme qui manifeste l'intention de retenir la propriété de ses biens, pourrait cependant se dépouiller de toute sûreté et renoncer à des hypothèques que la loi lui donne sans son fait parce que la loi a jugé qu'elles lui sont nécessaires ».

état de dépendance maritale, ou de leur âge, ou de leur infirmité mentale, le patrimoine est géré par un tiers. La même raison qui les a fait accorder doit faire interdire la possibilité d'y renoncer, car le renonciation elle-même, émanant d'un incapable, serait suspecte et dangereuse. Il est d'ordre public, en cette matière, non seulement d'accorder l'hypothèque légale, mais encore de défendre qu'on y renonce ; il ne suffit pas de protéger les incapables, il faut leur imposer cette protection dont ils peuvent ne pas comprendre la nécessité (1). C'est pour cela qu'il était utile d'interdire la renonciation complète (2) ; c'est pour cela qu'un texte était nécessaire pour permettre de restreindre ces hypothèques, et que ce texte doit être interprété restrictivement.

Il résulte de cette interdiction d'un abandon absolu de ces hypothèques légales une autre prohibition qui, pour n'être pas exprimée par la loi, n'en est pas moins certaine : celle de toute clause équivalant pratiquement à une renonciation totale à l'hypothèque légale, comme le serait par exemple la clause qui spécialiserait l'hypothèque pour garantie d'une dot de cent mille francs sur un immeuble du

___

1. « Personne n'a le pouvoir de renoncer à ce qui est d'ordre public... Quand la loi couvre un individu de sa protection il n'est permis ni à celui qu'elle protège, ni à tout autre, de repousser ce bienfait » (Cambacérès).

2. Remarquons qu'il s'agit ici d'une renonciation par le créancier en faveur du débiteur, par exemple par la femme en faveur du mari, renonciation qui affranchirait tous ses immeubles de l'hypothèque légale. Les mêmes raisons auraient pu également être mises en avant pour interdire à la femme la renonciation ou subrogation en faveur des tiers, par laquelle elle peut successivement dégrever tous les immmeubles de son mari ; mais les nécessités pratiques en ont décidé autrement, et la validité de cette renonciation a été admise par la jurisprudence d'abord et ensuite par la loi.

mari d'une valeur de mille francs. En d'autres termes, ce que la loi a voulu éviter, c'est qu'une fortune immobilière considérable se trouvât entièrement grevée pour garantie d'une créance beaucoup moindre, et ce qu'elle permet, pour atteindre son but, c'est de restreindre l'hypothèque à un nombre d'immeubles suffisant à garantir les créances probables et d'affranchir ainsi les autres immeubles. Mais elle n'a nullement entendu que la femme ou le mineur pût se dépouiller, même partiellement, de la garantie nécessaire ; et toute clause qui, directement ou indirectement, tendrait à ce résultat devrait être annulée. Les auteurs et la jurisprudence sont d'accord pour admettre ce principe ; les difficultés commencent lorsqu'il s'agit de déterminer si telle ou telle clause rentre dans la catégorie de celles implicitement défendues. Il en résulte toute une série d'arrêts qui ont soulevé d'intéressantes controverses : il ne nous appartient pas de les examiner (1).

Ainsi la femme, le mineur et l'interdit ne peuvent, au moment où elle prend naissance, restreindre leur hypothéque que dans une mesure telle qu'elle demeure pour leurs créances probables, une garantie sérieuse, suffisante.

Etudions à présent les conditions d'exercice et les effets de cette restriction.

Les conditions d'exercice se ramènent à deux : il faut que la restriction ait lieu au moment même où l'hypothèque prend naissance ; il faut qu'elle soit consentie par le créancier.

1. Sur cette question, voir : Jouitou. De la restriction de l'hypothèque légale de la femme ; Cassation 9 mars 1886, S., 1888, 1, 241 ; Cassation 16 avril 1888, S., 1888, 1, 216 ; Nimes 4 mai 1888, S., 1889, 2, 238 ; Alger 26 mai 1888, S., 1890, 2, 157.

La première de ces conditions est exigée par ces mots de l'article 2140 « lorsque dans le contrat du mariage » — et par ceux-ci de l'article 2143 « lorsque l'hypothèque n'aura pas été restreinte par l'acte de nomination du tuteur » qui précisent la formule un peu vague de l'article 2141 : « Il en sera de même pour les immeubles du tuteur, lorsque les parents, en conseil de famille, auront été d'avis qu'il ne soit pris d'inscription que sur certains immeubles ». Il résulte de cette condition qu'il ne peut y avoir de restriction au moment de leur naissance ni pour l'hypothèque de la femme lorsque le mariage a lieu sans contrat, ni pour l'hypothèque du mineur lorsqu'il s'agit d'une tutelle testamentaire ou légitime, ni pour l'hypothèque de l'interdit lorsque cet interdit est une femme mariée dont le mari est de plein droit tuteur, car dans toutes ces hypothèses, les parents n'ont pas à se réunir en conseil de famille pour nommer un tuteur.

La seconde condition est le consentement des parties. Elle n'offre d'intérêt qu'en ce qui concerne le créancier. Le débiteur, c'est-à-dire le mari ou le tuteur, ne peut que voir relever son crédit par cette convention. Le créancier au contraire, malgré les mesures de précaution que prend la loi, court un certain risque à diminuer ainsi l'étendue de son gage hypothécaire. S'agit-il de l'hypothèque du mineur ou de l'interdit, la restriction n'existera que si les parents, en conseil de famille, ont été de cet avis ; exigence toute rationnelle, puisque le créancier est un incapable et que son représentant ordinaire, le tuteur, est précisément ici son débiteur éventuel auquel la convention doit profiter. S'agit-il de l'hypothèque de la femme mariée, nous nous trouvons au contraire en présence d'une disposition

législative absolument injustifiable. Au moment où la
femme passe son contrat de mariage, elle n'est pas encore
vis-à-vis de son mari, dans l'état de dépendance qui naît
du mariage : son incapacité de femme mariée, n'existe pas.
Il y a plus ; si elle est mineure, elle se trouve, pour tout ce
qui concerne cet acte, relevée de l'incapacité résultant de
son âge. Ce n'est pas son tuteur qui stipule en son nom ;
c'est elle qui stipule pour elle-même, et cette stipulation
est valable pourvu que la femme soit assistée de ceux dont
le consentement est requis pour la validité de son mariage ;
la loi a estimé avec raison que cette assistance donnait
pleine sécurité à la mineure. Tel est le droit commun en
matière de mariage ; il en résulterait que la femme, même
mineure, devrait pouvoir consentir dans son contrat la
restriction de son hypothèque légale. Mais l'article 2140
apporte une exception à ce droit commun : il exige que les
parties soient majeures (ce qui ne peut s'entendre que de
la femme, le mari ne pouvant que gagner à une pareille
convention). Et, comme il doit recevoir l'interprétation
restrictive, il ne laisse même pas place à un consentement
donné au nom de la femme mineure, par le tuteur de celle-ci. La restriction par contrat de mariage est donc impossible, lorsque la femme est mineure, ce qui arrive fréquemment. On ne peut trouver aucun motif sérieux justifiant
cette exigence. La clause de restriction, telle qu'elle est
réglementée par le Code, avec la prohibition d'une renonciation absolue à l'hypothèque, est infiniment moins dangereuse que beaucoup d'autres clauses que la femme mineure, assistée comme de droit, peut insérer dans son
contrat (1). Quoi qu'il en soit, le texte est formel, et force à

1. Il semble, à la lecture de la discussion de cet article, dont nous

bien été à la jurisprudence de le sanctionner ; elle est aujourd'hui constante en ce sens (1) ; on ne peut relever qu'un seul arrêt, remontant à 1816, en sens opposé (2).

Les effets de la restriction varient suivant la formule, que les parties ont employée.

Prenons comme exemple la restriction de l'hypothèque légale de la femme dans son contrat. La femme a le choix entre deux formules, entre deux procédés ; elle peut indiquer ou bien les immeubles de son mari qu'elle entend conserver pour gage, affranchissant ainsi implicitement tous les autres de son hypothèque, ou bien au contraire ceux qu'elle entend affranchir de son hypothèque, conservant ainsi implicitement tous les autres pour gage. Bien que le premier procédé soit seul prévu par l'article 2140, il n'y a aucun doute sur la validité du second. Les résultats sont tout différents suivant que la femme emploie l'une ou l'autre formule. Tandis que la première opère une véritable spécialisation de l'hypothèque légale, qui en principe ne grève plus le patrimoine du mari, à l'exception des immeubles spécialement désignés, la seconde au contraire conserve à l'hypothèque son caractère de généralité, puis-

avons déjà parlé, que cette exigence est le résultat d'une méprise. Le président Malleville a dit qu'il y avait lieu d'écarter le droit commun édicté par l'article 1398, à cause de la gravité particulière « de la clause proposée ». C'est cette remarque qui fit ajouter au projet le mot « majeures » qu'il ne contenait pas. Or la clause proposée, sur laquelle on discutait, c'était la restriction pouvant aller jusqu'à l'abandon total de l'hypothèque. Mais ce ne fut pas la clause adoptée. L'adoption du dernier alinéa de l'article 2140 eût dû entraîner la suppression du mot « majeures ».

1. Cassation 19 juillet 1820, S., 1820, 1. 356 ; Caen 15 juillet 1836, S., 1837, 2, 229 ; Lyon 30 mai 1844. S., 1844, 2, 449 ; Grenoble 25 août 1847, S., 1848, 2, 301 ; Limoges, 2 avril 1887, S., 1888, 2, 216.

2. Paris 10 août 1816, S., 1817, 2, 94.

qu'elle la laisse grever tout le patrimoine du mari à l'exception de quelques biens limitativement déclarés affranchis. Il en résulte notamment que tout immeuble advenu au mari postérieurement au mariage est libre si on a employé le procédé de la spécialisation, affecté de l'hypothèque si on a employé celui du dégrèvement.

Cette remarque donne la clef d'une difficulté qui s'est présentée dans la pratique et qui ne peut se rencontrer qu'autant que les parties ont employé le procédé de la spécialisation. Peut-il être valablement convenu, au moment de la restriction, que la femme, d'accord avec son mari pendant le mariage, ou que le conseil de famille, d'accord avec le tuteur pendant la tutelle, pourra transporter sur de nouveaux immeubles l'hypothèque restreinte à certains immeubles désignés, lesquels en seraient ainsi affranchis ? La cour de Grenoble avait résolu cette question par l'affirmative ; la Cour de cassation, sur pourvoi, et la cour de Lyon, après renvoi, la résolurent par la négative (1). Nous croyons que c'est cette solution qui doit prévaloir, comme la plus conforme à l'esprit de la loi, et cela, non pas peut-être par les motifs de la Cour suprême, mais plutôt par ceux de l'arrêt de la cour de Lyon, que M. Pont résume ainsi : «... la spécialisation résulte ici des termes mêmes de la loi, d'après laquelle, dans ce cas, les immeubles du mari, autres que ceux qui ont été déterminés, resteront libres et affranchis de l'hypothèque pour la dot de la femme et pour ses reprises et conventions matrimoniales. Or, nous ne retrouvons plus cette spécialisation dans une convention qui laisse aux époux la faculté de faire passer

1. Grenoble 12 mars 1849, S., 1849, 2, 385 ; Lyon 26 janvier 1854, S., 1854, 2, 245 ; Cassation 5 mai 1852, S., 1852, 1, 289.

l'hypothèque d'immeubles spécialement désignés à d'autres immeubles que n'atteignait pas l'affectation primitive : alors il est vrai de dire que l'hypothèque reste générale, en ce que, pouvant être transférée de tel immeuble déterminé dans la convention à tel autre immeuble qu'il plaira aux époux de choisir, elle grève éventuellement l'entier patrimoine immobilier. Voilà, selon nous, ce qui infirme la clause ; c'est en cela qu'elle est contraire à la lettre et à l'esprit de l'article 2140... à l'esprit, puisque la loi, en permettant la réduction... a eu pour objet de concilier le crédit du mari avec la garantie dûe à la femme, et que la pensée de la loi est méconnue du moment où l'hypothèque peut s'étendre, même éventuellement, à toute la fortune immobilière du mari (1) ».

Reste à déterminer la portée de la nullité de cette clause. Ici, deux systèmes se sont fait jour. Pour les éclaircir, prenons un exemple. Primus au moment de son mariage a deux immeubles A et B ; d'accord avec sa femme il convient dans le contrat que l'hypothèque ne portera que sur l'immeuble B et que cet immeuble en pourra même être affranchi si elle est reportée sur un autre de valeur équivalente. Au cours du mariage, il achète l'immeuble C et y transporte, d'accord avec sa femme, l'hypothèque légale de celle-ci, prétendant ainsi affranchir l'immeuble B. La clause de transport de l'hypothèque étant déclarée nulle, quelles conséquences allons-nous en tirer relativement à chaque immeuble ? D'après le système soutenu par M. Pont, la nullité de la clause de transport entraîne celle de la clause de spécialisation, en sorte que l'hypothèque de la

---

1. Pont, tome I, n° 547.

femme conserve son caractère habituel de généralité, comme si le contrat était muet à cet égard, et frappe les trois immeubles A B et C, à moins qu'ils ne soient les uns ou les autres sortis des mains du mari par une aliénation suivie de purge des hypothèques légales (1). D'après l'autre système, celui de la cour de Lyon, qui a été notamment défendu par MM. Aubry et Rau (2), la nullité de la clause de transport n'entraîne pas celle de la clause de spécialisation, en sorte que l'hypothèque de la femme ne frappe ni l'immeuble A, ni l'immeuble C, mais continue à frapper l'immeuble B qui n'a pu en être affranchi par la seule volonté des parties, puisque cet affranchissement était subordonné à un transfert qui n'a pu être réalisé ; l'immeuble B ne sera dégrevé de l'hypothèque de la femme que par le mode ordinaire, c'est-à-dire par une aliénation suivie de purge des hypothèques légales ; ainsi, tant qu'il restera entre les mains du mari, il servira de garantie à la femme.

On ne peut se dissimuler les dangers pratiques de ce second système pour la femme. En fait les époux n'auront sans doute transporté l'hypothèque que dans l'intention d'aliéner plus facilement l'immeuble B ; si l'acquéreur de cet immeuble a fait la purge des hypothèques légales, la femme, se croyant sauvegardée par l'immeuble C, ne conservera pas ses droits sur l'autre, et quand, voulant faire valoir ses droits sur l'immeuble C, elle s'apercevra de la nullité de la clause de transfert, il ne lui restera plus aucun recours. Cependant, malgré ce danger incontestable et très grave, il nous est impossible de ne pas nous rallier à ce second système ; seul, il nous semble logique. Le contrat de mariage,

1. Pont, tome I, n° 548.
2. Aubry et Rau, tome III, § 264 *ter*, texte et note 46.

tel que nous l'avons supposé, peut s'analyser en trois propositions : restriction de l'hypothèque de la femme à l'immeuble B, possibilité éventuelle d'affranchir cet immeuble, possibilité de faire porter l'hypothèque sur un nouvel immeuble, C. Il est évident que la troisième proposition se relie d'une façon indivisible à la seconde, et que la femme n'a entendu affranchir l'immeuble B que si elle pouvait hypothéquer à sa place l'immeuble C ; mais en quoi l'ensemble de ces deux propositions se relie-t-il à la première, en quoi lui sert-il de condition ? C'est purement et simplement que la femme a spécialisé son hypothèque sur l'immeuble B ; elle a consenti sans condition que son gage fût restreint ; elle a seulement apposé une condition à l'affranchissement de ce gage restreint. La nullité du transfert de l'hypothèque légale sur l'immeuble C entraîne donc nécessairement celle de l'affranchissement de l'immeuble B, mais non pas celle de la spécialisation de l'hypothèque ; elle ne saurait ouvrir la porte à un retour de l'hypothèque générale.

2°

Le besoin de restreindre à certains immeubles du mari l'hypothèque de la femme mariée peut se faire sentir au cours du mariage. Tel mari, qui, au moment du contrat, n'avait qu'une fortune immobilière juste suffisante pour la garantie des reprises de sa femme et ne songeait pas dès lors à restreindre l'hypothèque de celle-ci, peut au cours du mariage acquérir par succession, donation ou par les produits de son industrie, de nouveaux immeubles dont l'immeuble dépasse de beaucoup le gage nécessaire à la conservation des droits de sa femme. La loi a prévu ce besoin ; elle permet au mari, sous certaines conditions, d'obtenir de justice la restriction de l'hypothèque légale de la femme. Tel est l'objet des articles 2144 et 2145.

Malgré cette apparence de recours aux tribunaux, nous sommes en présence d'un cas de restriction conventionnelle et non d'un cas de restriction judiciaire. La restriction, ne peut, en effet, aux termes de l'article 2144, avoir lieu que du consentement du créancier : « pourra pareillement le mari, du consentement de sa femme... » La jurisprudence n'a jamais hésité à appliquer cette condition (1). Cela n'a d'ailleurs jamais été sérieusement contesté ; tout le monde est d'accord pour voir dans l'article 2144 une restriction conventionnelle. Ce qui a été soutenu par quelques auteurs et admis par quelques rares arrêts, c'est que, à côté de la restriction conventionnelle prévue par cet article, et donnant lieu à un acte de juridiction grâcieuse, il y avait place pour l'application de l'article 2161, c'est-à-dire, en cas de refus de la femme, pour une restriction judiciaire par un acte de juridiction contentieuse. D'après ce système, il y aurait donc possibilité, au cours du mariage, de deux sortes de restriction de l'hypothèque de la femme ; l'une conventionnelle, impliquant par définition le consentement de la femme, réglementée par les articles 2144 et 2145 ; l'autre judiciaire, au cas de refus injustifié de la femme, réglementée par l'article 2161. La question de savoir si ce texte est applicable à la femme est absolument distincte et indépendante de celle qui nous occupe en ce moment ; nous la retrouverons plus loin.

1. Cassation, 9 décembre 1824, S., 1825, 1, 213 ; Limoges, 9 mars 1859, S., 1859, 2, 449 ; Cassation, 2 juin 1862, S., 1862, 1, 662 ; Caen, 26 décembre 1867, D., 1868, 2, 212 ; Cassation, 9 mars 1886, S., 1888, 1, 241.

Chereau   9

Quel est donc exactement, dans le cas de l'article 2144, le caractère de l'intervention de la justice ? C'est un acte de juridiction gracieuse, un jugement d'homologation. La jurisprudence en a notamment tiré cette conclusion qu'il n'était pas susceptible d'appel (1) et ne pouvait pas acquérir l'autorité de la chose jugée (2). Elle en conclut également ment que les tribunaux ne peuvent pas modifier les termes de l'accord survenu entre les époux et par exemple substituer aux immeubles sur lesquels la femme entend conserver son hypothèque spécialisée, d'autres immeubles, même plus importants (3).

Est-ce à dire que, quelle que soit la convention intervenue entre les époux, la justice sera tenue de donner son homologation ? Evidemment non. Elle doit examiner si toutes les conditions exigées par la loi sont remplies et, si elles ne le sont, elle doit rejeter la demande. Ces conditions sont au nombre de quatre. Il faut d'abord que l'hypothèque n'ait pas été restreinte par le contrat de mariage (argument tiré de l'article 2143 et du mot pareillement de l'article 2144). Il faut, en second lieu, que la restriction laisse porter l'hypothèque sur des immeubles d'une valeur « suffisante pour la conservation entière des droits de la femme » (art. 2144 *in fine*), ce qui prohibe *à fortiori* la renonciation absolue par la femme à son hypothèque légale (4). Ici, comme dans la restriction par contrat de mariage, subsiste donc la préoccupation de la loi de sauvegarder

1. Grenoble, 10 janvier 1833, S., 1833, 2, 457.
2. Cassation, 9 mars 1886, S., 1888, 1, 241 ; Agen, 23 décembre 1887, S., 1889, 2, 194.
3. Cassation, 2 juin 1862, S., 1862, 1. 662 ; Agen, 18 mars 1863, S., 1863, 2, 116.
4. Agen, 28 décembre 1887, S., 1889, 2, 194.

complètement les intérêts de la femme ; ici encore, c'est uniquement en ce que l'hypothèque légale, à raison de sa généralité, peut dépasser la garantie nécessaire, que la loi permet de la restreindre. La troisième condition est que la demande formée par le mari ait été précédée d'un avis donné par les quatre plus proches parents de la femme, réunis en assemblée de famille (article 2144) ; cet avis, destiné surtout à éclairer le tribunal sur la valeur comparative des créances éventuelles de la femme et des immeubles du mari auxquels on propose de restreindre l'hypothèque, ne lie pas le tribunal ; aussi n'est-il pas nécessaire qu'il soit favorable. La dernière condition est que la femme soit majeure. Cette condition n'est pas exigée par le texte de la loi, mais elle résulte de son esprit. La loi ne considère pas la femme mineure comme suffisamment capable de donner un consentement libre et réfléchi à la restriction de son hypothèque par contrat de mariage ; à plus forte raison elle ne doit pas lui accorder cette capacité dans notre cas, où la femme jouit de moins de liberté vis-à-vis de son mari, de moins de protection de la part de ses propres parents. Aussi l'article 2144 n'apporte-t-il qu'un remède partiel à la sévérité de l'article 2140 à l'égard du mari d'une mineure : n'ayant pu obtenir par le contrat de mariage la restriction de l'hypothèque, il ne pourra l'obtenir au cours du mariage que lorsque sa femme sera devenue majeure.

La loi n'exige d'ailleurs aucune autre condition, et la jurisprudence en a conclu que cette restriction était possible sous tous les régimes matrimoniaux (1).

1. Aix, 28 juin 1824 et sur pourvoi, cassation, 20 avril 1826, S., 1826, 1. 439 ; Cassation 6 novembre 1860, D., 1861, 1, 84 ; Bordeaux, 4 août 1891 (rapporté sous cassation) D., 1894, 1, 113.

La procédure du jugement de restriction est réglée par l'article 2145. Les effets en sont les mêmes que ceux de la restriction par contrat de mariage.

3°

Tels sont les seuls cas de restriction conventionnelle prévus par le Code. Qu'en faut-il conclure ? Une commune a une hypothèque sur les biens de son comptable, la régie des douanes sur les immeubles d'un redevable, un créancier sur les biens de son débiteur condamné ; ces hypothèques sont générales de leur nature ; peuvent-elles conventionnellement, d'accord entre le créancier et le débiteur, être restreintes ? La restriction peut-elle aller jusqu'à une renonciation complète de la part du créancier ? Telles sont les questions qui se posent et qui présentent de l'importance surtout en ce qui concerne l'hypothèque dite judiciaire.

Il est admis par tous les auteurs que toutes les hypothèques générales peuvent être réduites par la volonté des parties : leur convention à ce sujet a entre elles force de loi, conformément à l'article 1134. Il faut cependant faire une exception en ce qui concerne l'hypothèque légale du mineur ou de l'interdit. Le silence de la loi relativement à la restriction conventionnelle de cette hypothèque pendant la durée de la tutelle, doit être interprété comme une prohibition. Il est impossible en effet que, pour ce cas, le législateur ait entendu se référer aux principes généraux du droit. Réglementant dans les articles voisins la restriction conventionnelle de l'hypothèque de la femme (2140-2144) avant ou pendant le mariage, celle de l'hypothèque du mineur ou de l'interdit avant la tutelle (2141), il eût fait de

même s'il avait admis la possibilité de cette restriction conventionnelle durant la tutelle, et eût donné un pendant à
l'article 2144. Il n'en a rien fait et s'est contenté d'organiser par l'article 2143 une restriction judiciaire de cette
hypothèque pendant la tutetle. Cette prohibition implicite
est d'autant plus regrettable qu'en maintes occasions la
restriction avant la tutelle n'est pas possible.

Quelques auteurs ont soutenu que, dans le silence de la
loi, on ne pouvait admettre que le créancier renonçat absolument et sur tous les immeubles de son débiteur à la garantie que lui accorde la loi (1). L'hypothèque légale, disent-ils,
est toujours fondée sur des motifs d'ordre public. Et si l'on
peut y toucher pour la spécialiser, dit M. Pont à propos
de l'hypothèque judiciaire, c'est que «l'ordre public n'est
nullement intéressé à ce qu'elle se maintienne dans sa généralité », c'est que la loi elle-même ouvre l'action en réduction des inscriptions. Et l'on s'appuie encore dans ce système sur les termes employés à propos de l'article 2140,
dans la discussion ci-dessus relatée, par certains des orateurs dont l'opinion a prévalu.

Nous croyons qu'il y a là une erreur, et que le créancier,
autre que la femme, le mineur ou l'interdit, garanti par
une hypothèque légale générale, peu non seulement la restreindre par une spécialisation, mais encore l'abandonner
totalement. Prenons par exemple l'hypothèque judiciaire.
Il peut y avoir des raisons d'ordre public à assurer par ce
moyen l'exécution des jugements, à mettre cette arme puis-
sante à la disposition du créancier, à l'autoriser à s'en servir ; il n'y en a aucune à l'y contraindre. S'il ne fait pas

1. Voir notamment en ce sens : Pont, tome 1, n° 602.

usage de la garantie que lui offre la loi, ses intérêts seuls, et non l'ordre public, en souffriront. Le créancier majeur et maître de ses droits peut renoncer à sa créance ; il peut de même renoncer à la garantie de sa créance. La protection de la loi, quand elle s'adresse à d'autres qu'à des incapables, ne saurait être forcée ; s'ils s'en dépouillent, c'est en pleine connaissance de cause, et cette renonciation à une faveur légale ne saurait être suspecte, émanant d'une personne parfaitement capable. A leur égard, il peut être d'ordre public d'organiser une hypothèque légale, il ne l'est certainement pas de les contraindre à en user. Telle était sans doute la pensée des orateurs du Conseil d'Etat ; quand ils parlent d'hypothèques légales, ils n'ont en vue, suivant la terminologie courante de l'époque, qui est encore celle de la pratique aujourd'hui, que les deux hypothèques légales par excellence, celle de la femme et du mineur ; ils n'entendent pas comprendre dans cette expression les autres hyothèques légales, encore moins l'hypothèque judiciaire.

III. *Restriction judiciaire.*

On appelle restriction judiciaire d'une hypothèque générale, par opposition à restriction conventionnelle, celle qui est ordonnée par justice sur la demande du débiteur et nonobstant le refus du créancier.

La restriction judiciaire est régie par trois textes : les articles 2143 et 2161 du Code civil, et l'article 15 de la loi du 16 septembre 1807. De ces trois textes, deux sont relatifs à des cas spéciaux ; l'autre au contraire, l'article 2161, se présente avec une apparence de généralité et semble poser un principe applicable à toutes les hypothèques légales générales. Cependant ce caractère a été contesté, et l'on a soutenu que l'article 2161 n'avait été écrit qu'en vue des hypothèques dites judiciaires. D'après ce système, la restriction judiciaire n'aurait pas été admise comme un principe s'étendant à toutes les hypothèques générales, mais ne serait applicable qu'à trois d'entre elles.

La première question à étudier est donc celle de savoir quel est le champ d'application de l'article 2161 ; nous examinerons en second lieu le fonctionnement de cet article, et nous parlerons enfin des cas spéciaux prévus par l'article 2143 et par l'article 15 de la loi du 16 septembre 1807.

1°

Les auteurs qui soutiennent que l'article 2161 n'est applicable qu'à l'hypothèque judiciaire, en donnent trois raisons (1).

Tout d'abord ils procèdent par voie d'élimination. Ils démontrent que cet article ne saurait s'appliquer ni à l'hypothèque de l'Etat ou des établissements de charité, régie par la loi du 16 septembre 1807, ni aux hypothèques de la femme, du mineur et de l'interdit, régies par les articles 2143 et suivants. Ils en concluent que l'article 2161 ne peut s'appliquer qu'aux hypothèques judiciaires. Cette conclusion ne ressort pas du raisonnement ; l'élimination est loin d'être complète ; elle laisse de côté notamment les privilèges généraux de l'article 2101, l'hypothèque de la régie des douanes et celle des personnes morales autres que l'Etat et les établissements de charité.

Le second motif est tiré de ce que M Grenier, dans son

1. Voir notamment Pont, tome I, n° 600.

rapport au Tribunat, parle de l'article **2161** à propos de l'hypothèque judiciaire (1). Mais, outre qu'il est dangereux de préjuger l'esprit de la loi d'après l'opinion d'un seul des législateurs, et que la discussion au Conseil d'Etat ne nous apprend rien à cet égard, on peut remarquer que M. Grenier, dans son rapport, ne s'exprime nullement en termes restrictifs, il dit que l'hypothèque judiciaire peut être restreinte judiciairement ; il ne dit pas que les hypothèques légales ne peuvent pas l'être.

Le troisième argument est tiré de ce que l'article **2161** parle des « inscriptions prises par un créancier » ; or, dit-on, il est des hypothèques légales qui peuvent exister sans être inscrites. Il nous suffit de faire remarquer que toutes les hypothèques légales peuvent être inscrites et qu'ainsi elles rentrent toutes parfaitement bien dans les termes de notre article « toutes les fois que les inscriptions prises par un créancier qui, d'après la loi, aurait droit d'en prendre...»

Aussi croyons-nous préférable, en présence de ce texte très large, dont pas un mot ne révèle nettement l'intention de le restreindre à une seule catégorie d'hypothèques légales, de décider qu'en principe et sauf les exceptions qui peuvent résulter d'autres textes, l'article **2161** s'applique à toutes les hypothèque légales générales (2). Cette solution, très justifiable en raison, puisque le même inconvénient, la généralité, doit toujours appeler le même remède, la restriction, nous paraît corroborée par deux arguments de texte. C'est d'une part que la loi ne prononce même pas le nom d'hypothèque judiciaire, ce qu'elle eût

1. Locré, tome XVI, p. 391.
2. Nous venons même plus loin que son texte permet de l'appliquer à une des hypothèques légales spéciales.

fait vraisemblablement, étant donnée sa terminologie habituelle, si elle avait visé cette seule espèce d'hypothèque ; et c'est d'autre part qu'elle prend soin d'exclure à la fin de l'article les hypothèques conventionnelles.

Il résulte de notre conclusion que l'article 2161 est applicable, non seulement à l'hypothèque judiciaire, mais encore à toutes les hypothèques légales générales, à l'exception de celles qui sont visées par un texte spécial ; c'est ainsi notamment qu'il n'est pas applicable à l'hypothèque de l'Etat ni à celle du mineur ou de l'interdit.

La seule question vraiment délicate, c'est de savoir si une exception à ce texte existe pour l'hypothèque légale de la femme mariée ; en d'autres termes de savoir si, oui ou non, l'hypothèque de la femme est susceptible de restriction judiciaire. La plupart des auteurs, et mêmes quelques-uns de ceux qui, comme nous, voient dans l'article 2161 un texte général (1), décident qu'il est inapplicable à l'hypothèque de la femme, et la jurisprudence paraît également en ce sens (2). Les arguments qu'on invoque peuvent se ramener à deux : c'est d'abord le texte de l'article 2144, qui exige le consentement de la femme et dérogerait ainsi à l'article 2161 ; c'est en second lieu qu'il n'y a pas de motifs pour imposer à la femme, que la loi protège, une réduction de son hypothèque lorsqu'elle croit insuffisante la sûreté ainsi déterminée.

1. En ce sens Baudry Lacantinerie et de Loynes, tome III, nᵒˢ 1916, 1919 et 1920 et tome II, nᵒ 1028.

2. Rouen, 3 février 1834, S., 1834, 2, 584 : Le plus grand nombre des arrêts qu'on cite comme venant à l'appui de ce système se sont en réalité prononcé uniquement sur une question voisine, mais différente ; ils exigent le consentement de la femme dans l'hypothèse de l'article 2144 ce qui n'est pas contestable ; mais il ne repoussent pas, du moins formellement, l'application de l'article 2161 à côté de l'article 2144.

Il nous semble préférable, encore que la question soit des plus difficiles à résoudre, de nous rallier au système opposé qui compte pour lui quelques auteurs et quelques arrêts.

Le second argument invoqué, s'il était vrai, dépasserait singulièrement son but, car il s'appliquerait avec autant de force à toutes les hypothèques légale : l'hypothèque judiciaire aussi est une protection accordée au créancier, et cependant la loi lui impose, malgré lui, la restriction de cette protection lorsqu'en fait elle dépasse le but. La loi, avons-nous dit, doit protéger les incapables non seulement par l'octroi d'une garantie telle qu'une hypothèque, mais encore par la défense de renoncer à cette garantie ; mais l'application de l'article 2161 à la femme mariée n'a pas pour effet de compromettre les droits de celle-ci, la justice ne devant prononcer la restriction que si l'hypothèque restreinte est encore un gage suffisant ; elle n'a pour effet que de briser une résistance injustifiée de la femme à une demande légitime du mari.

Reste le premier argument.

Il nous paraît certain que, pris dans sa lettre, l'article 2144 ne constitue pas une dérogation à l'article 2161 et ne s'oppose pas à l'application de celui-ci. Il organise, pour le cas où la femme consent à la restriction. un recours à la juridiction gracieuse ; il ne défend pas, pour le cas où la femme ne consent pas à la restriction, un recours à la juridiction contentieuse ; il crée et réglemente une restriction conventionnelle ; il est muet sur la possibilité ou l'impossibilité d'une restriction judiciaire.

Mais, à défaut du texte même, l'esprit général de la loi, tel qu'il se dégage de l'ensemble des textes relatifs à la restriction des hypothèques générales, ne suffit-il pas à démontrer que l'article 2161 n'est pas applicable à l'hypothèque de la femme ? Présenté sous cette forme, l'argument est beaucoup plus séduisant et spécieux. Il ne nous semble cependant pas qu'il soit décisif. La loi, dit-on, a prévu la restriction avant et pendant le mariage ; dans l'un et l'autre cas, elle exige le consentement de la femme ; il n'y pas place pour une troisième hypothèse ; le silence gardé sur la restriction judiciaire équivaut à une prohibition de cette restriction. C'est en nous basant sur un argument de ce genre que nous avons conclu que la restriction conventionnelle ne pouvait pas s'appliquer à l'hypothèque du mineur ou de l'interdit pendant la durée de la tutelle. Mais ici la situation n'est pas la même. Lorsque la loi organisait la restriction conventionnelle des incapables (art. 2140, 2141, 2144) elle était loin d'appliquer le droit commun en matière de convention, puisqu'elle défendait notamment l'abandon total de la garantie hypothécaire ; par suite, son silence sur un cas particulier relatif à un incapable ne pouvait s'interpréter comme un retour au droit commun. Ici au contraire, l'article 2143 par lequel la loi organise la restriction judiciaire de l'hypothèque du mineur et de l'interdit, ne contient pas autre chose que l'application du droit commun de cette matière, tel qu'il résulte de l'article 2161 ; le silence de la loi sur la restriction judiciaire de l'hypothèque de la femme ne peut donc recevoir la même interprétation que dans l'autre cas ; l'application du droit commun, de l'article 2161, est ici toute naturelle. Il est d'ailleurs moins dangereux en pratique de refuser au tuteur la restriction conventionnelle en lui accordant la restriction judiciaire, qu'il ne le serait d'accorder au mari la restriction conventionnelle en lui refusant la judiciaire, ce qui le mettrait absolument à la discrétion de sa femme.

En résumé, l'article 2161 a une portée générale, et il ne nous semble pas que ni le texte de l'article 2144, ni l'esprit de cet article combiné avec l'article 2140, contienne une dérogation à la règle de la restriction judiciaire des hypothèques générales.

Nous ne pouvons donc qu'approuver l'arrêt suivant, dont les attendus sont fortement motivés : « Attendu qu'en consultant l'économie du régime hypothécaire tel qu'il a été établi par le Code, on reconnaît que si le législateur, en autorisant le créancier à exercer son droit d'hypothèque sur la généralité des biens immeubles de son débiteur, a voulu garantir sa créance contre toutes éventualités, il est facile également de voir qn'il n'a pas entendu par là, les intérêts du créancier une fois assurés, frapper d'une stérilité complète et inutile les biens de ce débiteur ; que cet esprit de haute équité, qui admet l'usage d'un droit, mais en exclut l'abus, a nécessairement inspiré au législateur les dispositions si tutélaires de l'article 2161... Attendu que les formes protectrices que le Code a tracées dans les articles 2144 et 2145 n'ont apporté aucune dérogation au principe général de l'article 2161. .. Attendu enfin que les intérêts du mineur ont toujours été aussi chers au législateur que ceux de la femme ; et qu'on ne saurait s'expliquer comment le tuteur même contrairement à l'avis du Conseil de famille, pourrait obtenir en justice le bénéfice de la restriction hypothécaire, tandis que le mari resterait à la merci de la femme, dont la résistance quoique injuste et souvent dictée par des sentiments mauvais, serait cependant souveraine et sans appel... » (1).

1. Cour de la Réunion, 11 mai 1861, S., 1861, 2, 468.

2°

Les conditions d'application de l'article **2161** ressortent nettement du texte même de cet article. On en peut trouver cinq.

Il faut d'abord qu'il s'agisse d'une hypothèque légale. La loi le dit à deux reprises : « un créancier qui, d'après la loi,..... » « la disposition du présent articele ne s'applique pas aux hypothèques conventionnelles (1) ».

Rien de plus juste d'ailleurs. La convention fait la loi des parties ; il n'appartient pas aux juges de la modifier ; c'est au débiteur à ne pas accorder à son créancier un gage hypothécaire trop important.

Quelques auteurs ont cependant soutenu que l'article **2161** serait applicable dans le cas où, un débiteur ayant, conformément à l'article **2130**, hypothéqué conventionnellement ses biens à venir par suite de l'insuffisance des biens présents, le créancier aurait pris des inscriptions successives sur les biens postérieurement acquis en plus grand nombre qu'il n'était nécessaire à la sureté de sa créance. Ils en donnent pour raison « l'intention même des parties qui, en constituant et en acceptant une hypothèque sur les biens à venir, à raison de l'insuffisance des biens présents, ne sont censées avoir voulu le faire que dans la mesure nécessaire pour garantir pleinement la créance » (2). Nous ne saurions admettre cette opinion. Contraire au texte absolument formel de l'article **2161**, elle n'est pas moins contraire à la nature de l'hypothèque subsidiaire des biens à venir, qui, nous l'avons vu, demeure avant tout une hypothèque convention-

1. Grenoble, 3 janvier 1825, S., 1826, 2, 144.
2. Aubry et Rau, tome III, § 282, texte et note 6.

nelle. Les parties pouvaient insérer dans leur contrat cette clause restrictive que l'hypothèque des biens à venir ne frapperait ces biens qu'à concurrence de la garantie nécessaire et laisserait libre le surplus ; elle ne l'ont pas fait : l'interprète ni le juge ne peuvent suppléer à leur silence.

L'article 2161 ne peut, en second lieu, s'appliquer qu'à certaines hypothèques légales, à celles, dit le texte, qui donnent droit prendre des inscriptions « sur les biens présents ou sur les biens à venir du débiteur ». Il en résulte qu'il s'applique — sauf les exceptions prévues par la loi — à toutes les hypothèques légales générales, et aussi à une des hypothèques légales spéciales, celle de la masse de la faillite, car elle porte sur tous les biens présents du failli au moment de la déclaration de faillite.

Il ne peut, au contraire, s'appliquer aux autres hypothèques légales spéciales ; aucune d'elles ne grève ni l'ensemble des biens présents, ni l'ensemble des biens à venir du débiteur. Aussi ne pouvons-nous approuver certaines décisions de justice qui ont appliqué l'article 2161 à l'hypothèque légale des légataires (1) et au privilège de séparation des patrimoines (2).

La restriction judiciaire ne peut, en troisième lieu, être encore demandée lorsqu'il y a « limitation convenue », c'est-à-dire lorsque les parties ont conventionnellement restreint l'hypothèque générale à certains immeubles spécia-

1. Rennes 21 mai 1875. Cet arrêt, cassé pour un autre motif et sans que la Cour de cassation ait à se prononcer sur notre point, est rapporté sous l'arrêt de cassation, S., 1879, 1, 252. La Cour de renvoi a jugé en sens contraire : Angers 23 juillet 1880, S., 1881, 2, 15.
2. Tribunal de la Seine 21 avril 1882, infirmé par la Cour de Paris 17 avril 1884, S., 1886, 2, 197, D., 1886, 2, 81 (note).

lement désignés. Accorder dans ce cas une nouvelle restriction serait méconnaître leur convention.

L'article 2161 ne peut — c'est la quatrième condition de son exercice, — s'appliquer que si le créancier a usé d'une manière excessive, abusive, du droit général que lui donnait la loi. Tant qu'il n'use de son droit que d'une manière raisonnable, le débiteur ne peut pas équitablement se plaindre. Or, user de son droit, pour un créancier hypothécaire, c'est prendre des inscriptions, puisque cela seul rend son droit opposable aux tiers. L'article 2161 ne s'appliquera donc que si le créancier a pris des inscriptions sur un trop grand nombre de domaines (1). Jusque là on ne peut songer à le réduire, à lui faire en quelque sorte une défense préalable de s'inscrire sur tel ou tel immeuble Son inaction, compromettant son droit, fait préjuger qu'il n'a pas l'intention de l'exercer.

Il faut ici faire une exception en ce qui concerne l'hypothèque légale de la femme mariée, exception que la loi eût sans aucun doute introduite, comme elle l'a fait pour l'hypothèque du mineur, si elle avait réglementé par un texte spécial cette hypothèse. A la différence des autres hypothèques légales, et notamment de l'hypothèque judiciaire, celle de la femme, comme celle du mineur, est pleinement valable et opposable aux tiers indépendamment de toute inscription. Le fait par une femme mariée de ne pas inscrire son hypothèque ne compromet nullement son droit ; cette inaction ne peut donc aucunement faire préjuger que la femme n'ait pas l'intention de l'exercer dans toute sa plénitude. Les immeubles du mari sont frappés, sans ins-

1. L'article 2162 explique ce qu'il faut entendre par là, et à quel moment commence exactement l'excès.

cription, à l'égard même des tiers, à mesure qu'ils entrent dans son patrimoine. Le jour où ils excèdent, dans les termes de la loi, la garantie nécessaire à la femme, le mari peut et doit obtenir de justice, encore que la femme n'ait pris aucune inscription, la restriction de l'hypothèque légale aux immeubles suffisants, et l'affranchissement du reste de son patrimoine. Qu'on n'objecte pas contre notre solution le texte de l'article 2161 : là, comme ailleurs, la loi a statué sur le cas qui se présente le plus ordinairement et c'est, en l'espèce, celui de l'hypothèque judiciaire. Si l'on admet, comme nous l'avons fait, l'application de l'article 2161 à l'hypothèque de la femme, il faut admettre cette application en dehors de toute considération d'inscriptions ; l'article 2143 offre à cet égard un puissant argument d'analogie.

Il résulte de la condition que nous venons d'analyser, comme aussi de ces mots « en radiation d'une partie de ce qui excède la proportion convenable », que la restriction ne doit pas avoir pour résultat de léser les intérêts du créancier, mais uniquement de proportionner la garantie à la créance à garantir, et cela dans la mesure indiquée par l'article 2162.

Enfin, la dernière condition d'exercice de l'article 2161, c'est que l'action en réduction soit exercée par le débiteur. Ce n'est qu'à lui que la loi l'accorde. Les autres créanciers inscrits sur chacun des immeubles du débiteur peuvent avoir intérêt à faire dégrever l'un ou l'autre de ces immeubles de l'hypothèque légale générale abusivement inscrite, mais ils n'en ont pas le droit ; car, dans la mesure où cette hypothèque lui est une garantie nécessaire, le créancier a le choix des immeubles sur lesquels il entend la faire porter. Quant aux tiers acquéreurs, la faculté de purger les sauvegarde pleinement (1). Seul le débiteur a droit et intérêt à faire restreindre l'hypothèque excessive, pour en affranchir une partie de ses immeubles, et recouvrer ainsi un meilleur crédit.

3°

La restriction judiciaire de l'hypothèque du mineur est prévue et réglementée par l'article **2143** qui s'applique également à l'hypothèque légale de l'interdit.

Cet article n'est pas autre chose que l'application de l'article **2161** à un cas particulier, avec quelques modifications résultant de ce caractère particulier de l'hypothèque légale dont s'agit.

Ainsi la loi n'autorise le tuteur à demander la restriction judiciaire qu'autant que l'hypothèque n'aura pas été restreinte par l'acte qui l'a nommé ; c'est l'application des mots « sans limitation convenue » de l'article **2161**. Ainsi le débat entre le tuteur et les représentants du mineur, comme celui entre créancier et débiteur dans le cas de l'article **2161**, est un véritable procès, qui doit être porté devant les tribunaux par la voie contentieuse, et dont le jugement est susceptible d'appel (**2**). Seulement, comme le défendeur est ici un incapable, représenté par son subrogé tuteur, la loi a jugé avec raison qu'il était nécessaire, pour que ses intérêts fussent véritablement sauvegardés, que la demande fût précédée d'un avis de famille et débattue contradictoirement avec le procureur de la

1. Cassation, 11 juillet 1870, S., 1870, 1, 353.
2. Cassation, 3 juin 1834, S., 1834, 1, 434; Cassation, 3 décembre 1889, S., 1890, 1, 261.

République, précautions absolument superflues lorsque le
créancier est, comme dans le cas normal de l'article 2161,
capable de prendre lui-même en mains la défense de ses
intérêts. Enfin, c'est à raison de ce que l'hypothèque du
mineur ou de l'interdit vaut sans être inscrite, que la loi
autorise le tuteur à en demander la restriction sans l'obliger
à attendre des inscriptions que le créancier n'a pas intérêt
à prendre.

La restriction judiciaire de l'hypothèque légale de l'Etat
sur les biens des comptables est soumise à l'article 2161,
sauf en ce qui concerne la compétence, que des textes spéciaux enlèvent à la juridiction civile pour l'attribuer à la
Cour des Comptes (1).

Section IV. — De la Spécialité dans l'Inscription des Hypothèques légales.

Les hypothèques légales, privilégiées ou non, spéciales
ou générales, sont en principe et sauf les exceptions limitativement énumérées par la loi, soumises à la publicité. La
dispense de publicité concerne : 1° les privilèges énumérés
par l'article 2101 et ceux que des lois postérieures leur ont
assimilés (encore la dispense de publicité disparaît-elle
s'il s'agit de l'exercice du droit de suite attaché à ces privilèges) ; 2° les hypothèques légales de la femme mariée,
du mineur ou de l'interdit (encore la dispense n'est-elle
ici que temporaire et la nécessité de l'inscription réap-

1. Loi du 16 septembre 1807 article 15 ; Décret du 31 mai 1862 article
421 ; Instruction ministérielle du 6 juillet 1833 article 55.

paraît-elle après la cessation du mariage, de la minorité ou de l'interdiction).

Dès lors se pose la question de savoir comment, au point de vue du principe de la spécialité, devra être rédigée l'inscription hypothécaire. Devra-t-elle indiquer l'espèce et la situation de chacun des biens frappés, n'atteignant pas dès lors tous les biens non spécifiés, même situés dans le ressort du bureau où l'inscription a été prise, ou au contraire une inscription prise en termes généraux suffira-t-elle à frapper tous les biens du débiteur sis dans le ressort de ce bureau ? En d'autres termes, l'inscription devra-t-elle être spéciale, ou pourra-t-elle être générale ?

L'article 2148 semble répondre à cette question pour toutes les hypothèques légales. Après avoir posé le principe de la spécialité de l'inscription en matière d'hypothèque conventionnelle, il ajoute « cette dernière disposition n'est pas nécessaire dans le cas des hypothèques légales ou judiciaires... une seule inscription pour ces hypothèques frappe tous les immeubles compris dans l'arrondissement du bureau ».

Il ne faut pas se laisser tromper par la généralité apparente de ce texte ; il ne s'applique pas à toutes les hypothèques légales *lato sensu*, telles que nous les avons définies. La terminologie de la loi, dans le titre des privilèges et hypothèques, est la suivante : elle réserve le nom d'hypothèques légales aux trois hypothèques légales de l'article 2121, celle de la femme, celle du mineur ou de l'interdit, celles de certaines personnes morales ; elle emploie toujours le nom d'hypothèque judiciaire pour désigner l'hypothèque légale attachée aux jugements et le nom de privilèges pour désigner les hypothèques privilégiées des articles **2101** et **2103**. Quant aux privilèges immobiliers et aux hypothèques légales créés soit par d'autres articles du Code civil (**2111**, **2017**), soit par des lois postérieures, le législateur du titre des privilèges et hypothèques n'a, pas plus pour les premiers qu'il connaissait que pour les seconds dont il pouvait dans une certaine mesure prévoir l'établissement, songé à les rattacher à une théorie d'ensemble.

Ainsi l'article **2148**, alinéa final, doit s'entendre uniquement des trois hypothèques de l'article **2121** et de l'hypothèque judiciaire. Pour ces hypothèques, toutes quatre générales, la loi se contente d'une inscription générale. Elle apporte d'ailleurs une réserve fort importante. C'est seulement « à défaut de convention » que la nécessité de l'inscription spéciale disparaît pour ces hypothèques ; elle réapparaît donc aussitôt que les parties ont conventionnellement spécialisé, ainsi qu'elles peuvent le faire, une de ces hypothèques.

En dehors de ce texte, quelques autres ont réglementé le mode de publicité de certaines autres hypothèques légales. Passons-les rapidement en revue.

Le privilège du vendeur d'immeuble se conserve par la transcription du titre de vente ; cette transcription « vaut inscription » pour le vendeur ou le prêteur de deniers subrogé (article **2108**). Elle est nécessairement spéciale, l'acte de vente contenant forcément la désignation de l'immeuble vendu.

Nous en disons autant pour le copartageant qui conserve son privilège par l'inscription « de l'acte de partage ou de l'adjudication par licitation » « sur les biens de chaque lot ou sur le bien licité » (article **2109**) ; et pour le constructeur qui, en faisant inscrire les deux procès-verbaux constatant l'état des lieux avant et après les travaux (article 2110) désigne ainsi nécessairement d'une manière aussi spéciale que possible le bien grevé du privilège. De même pour le privilège pour dessèchement de marais (1), pour celui du bailleur de fond pour l'établissement d'une mine (1), et pour les privilèges en matière de drainage (2).

Aux termes de l'article 2111, le privilège de séparation des patrimoines se conserve « à l'égard des créanciers des héritiers ou représentants du défunt, sur les immeubles de la succession, par les inscriptions faites sur chacun de ces biens ». Aux termes de l'article 490 alinéa 3 du Code de commerce, l'hypothèque légale de la masse des créanciers d'une faillite ou d'une liquidation judiciaire est conservée par l'inscription prise au nom de la masse par les syndics ou liquidateurs provisoires « sur les immeubles du failli dont ils connaîtront l'existence », ce qui suppose bien que l'inscription doit être spéciale à chacun de ces immeubles.

Telles sont les seules hypothèses réglementées par la loi ; les autres sont restées en dehors de ses prévisions. Ainsi les lois du 5 septembre 1807 qui ont établi l'une

1. Ce privilège n'existe en effet qu'à charge de faire transcrire au bureau des hypothèques « l'acte de la concession ou le décret qui ordonne le dessèchement » (article 23 loi du 16 septembre 1807). Cet acte ou ce décret contient une indication des marais compris dans le dessèchement, telle que, pour chacun des propriétaires intéressés, il sera impossible de confondre ces biens avec les autres immeubles leur appartenant sis dans le ressort du même bureau.

2. La loi du 21 avril 1810, article 20, renvoie aux articles 2103 et autres du Code civil ; l'article 2110 doit donc s'appliquer.

3. Loi des 17-23 juillet 1856, articles 6 et 7 combinés, et notamment « l'inscription contient dans tous les cas un extrait sommaire de ce procès-verbal », procès-verbal constatant l'état de « chacun des terrains à drainer ».

le privilège du Trésor sur les biens du comptable (privilège spécial), l'autre le privilège du Trésor pour frais du justice criminelle (privilège général), décident l'une et l'autre que le privilège a lieu « à la charge d'une inscription » mais ne s'expliquent ni l'une ni l'autre sur la généralité ou la spécialité de cette inscription. Quelle règle devrons-nous appliquer ? Un comptable a acquis à titre onéreux, postérieurement à sa nomination, deux immeubles sis dans le même arrondissement d'hypothèques. Il est débiteur à l'égard du Trésor 1e de débets, 2° de frais de justice criminelle. L'un et l'autre privilèges atteignent les deux immeubles ; l'un, parce qu'il est général, et l'autre, quoique spécial, parce que les conditions d'acquisition des immeubles sont précisément celles prévues par la loi pour qu'ils soient grevés de ce privilège. Une seule inscription, conçue en termes généraux, susceptible d'embrasser tous les immeubles du débiteur sis dans le ressort du bureau, suffira-t-elle à conserver le privilège pour frais de justice criminelle, ou faudra-t-il une inscription spéciale pour chaque immeuble, ou, ce qui revient au même, une seule inscription désignant spécialement et distinctement chacun des deux immeubles grevés ? Même question pour le privilège pour débets. La réponse sera différente suivant qu'il s'agit de l'un ou de l'autre privilèges.

En effet, le système qui nous paraît être, sans aucun doute, celui du législateur, peut se résumer ainsi : à toute hypothèque légale générale correspond une inscription générale ; à toute hypothèque légale spéciale correspond une inscription spéciale. Cette règle n'est formulée nulle part dans nos lois, mais tous les textes que nous avons analysés ci-dessus en sont l'application. En présence de l'hypothèque conventionnelle, l'article 2148 exige la spécialité de l'inscription ; il s'en écarte pour les hypothèques générales des articles 2121 et 2123 ; il y revient pour ces mêmes hypothèques dès qu'elles sont spécialisées par la convention des parties ; enfin, pour toutes celles des hypothèques légales spéciales, privilégiées ou non, sur lesquelles il s'est expliqué, il prescrit une inscription spéciale. Le principe n'est pas moins certain que s'il était expressément formulé.

Il est d'ailleurs parfaitement logique. L'inscription est une mesure de publicité, destinée à informer les tiers de tout ce qui peut les intéresser sur le patrimoine immobilier d'une personne. S'agit-il d'une hypothèque générale, elle remplit tout son but en en indiquant l'existence ; dès que les tiers savent cela, ils savent que par le fait même aucun immeuble du débiteur n'y échappe : exiger une spécialisation par l'inscription serait superflu. S'agit-il au contraire d'une hypothèque spéciale, l'inscription est insuffisante si elle n'indique le ou les immeubles grevés, et les tiers, avertis seulement de l'existence de la charge, mais non de son assiette, ne peuvent discerner, parmi les immeubles de leur débiteur, quels sont libres, et quels frappés.

On peut donc s'étonner de voir la jurisprudence si hésitante dans l'application d'un principe que la raison et l'étude des textes imposent également. On peut relever presque autant d'arrêts contraires à ce principe que d'arrêts le consacrant (1).

1. Arrêts conformes au principe : Cassation, 3 août 1819, S., 1819, 1, 359. (Hypothèque judiciaire). Agen 1er juillet 1830, S., 1833, 2, 108. (Hyp. conventionnelle et hyp. judiciaire). Lyon 24 décembre 1862, S., 1863, 2, 159. (Priv. de séparation des patrimoines) : Arrêts contraires au principe : Nimes 19 février 1829, S., 1829, 2, 214. (Priv. de séparation des patrimoines) : Bordeaux 5 mai 1887, S., 1890. 2, 124 (Hypothèque des légataires).

CHAPITRE TROISIÈME

Hypothèques judiciaires

Une hypothèque légale est accordée aux mineurs et aux interdits sur les biens de leurs tuteurs (article **2121**). Ce texte comportant l'interprétation restrictive, il en résulte que l'aliéné non interdit n'a pas d'hypothèque légale sur les biens de l'administrateur provisoire qui peut lui être nommé. Quant au mineur à qui le tribunal, en prononçant la déchéance de ses parents de la puissance paternelle, a nommé un tuteur, il rentrerait dans le texte de l'article **2121** et pourrait se prévaloir d'une hypothèque légale sur les biens de son tuteur, si la loi de **1889**, en vue de faciliter l'exercice de cette tutelle, n'avait expressément dérogé à l'article **2121** et décidé, dans son article 10 que les biens de ce tuteur ne seraient pas grevés d'hypothèque légale.

Il y a donc là deux personnes, atteintes d'une incapacité plus ou moins complète, dont les biens sont gérés par un tiers et qui sont dépourvues de protection légale contre les abus ou fautes de gestion de ces tiers. Ce n'est pas cependant que la loi ait entendu se désintéresser de leur protection ; mais elle a pensé qu'il serait suffisant de s'en rapporter à cet égard à la sagesse des tribunaux qui interviennent nécessairement pour la nomination de l'administrateur ou du tuteur. Au lieu d'accorder d'avance et dans tous les cas une mesure de protection qui, fort gênante pour le gérant, peut, à raison des circonstances, être sans utilité pour l'administré, elle laisse aux tribunaux le soin d'apprécier, eu égard à l'importance des biens à gérer et à la solvabilité du tuteur ou de l'administrateur, si cette mesure de protection est nécessaire, et dans quelle proportion.

Les deux textes qui organisent ces hypothèques judiciaires (1), conçus dans le même esprit, doivent se compléter l'un par l'autre, et le premier doit suppléer aux lacunes que présente le second.

Il résulte de leur étude que nous nous trouvons véritablement ici en présence d'une hypothèque judiciaire, c'est-à-dire d'une hypothèque que les tribunaux peuvent accorder ou refuser. Ces hypothèques judiciaires sont d'ailleurs, quant à leur étendue, réglementées souverainement par les tribunaux qui décident d'une part à concurrence de quelle somme elles existent, et d'autre, part, si elles seront générales ou spéciales. Les deux textes sont absolument formels sur ce point.

1. Loi du 30 juin 1838, art. 34 ; loi du 24 juillet 1889, art. 10.

CHAPITRE QUATRIÈME

QUESTIONS COMMUNES

Nous examinons sous ce titre deux questions qui résultent du principe de spécialité du gage hypothécaire, et se posent chaque fois qu'on est en présence d'une hypothèque spéciale ou spécialisée, d'un gage déterminé, quelle que soit la nature de l'hypothèque, qu'elle soit légale conventionnelle ou judiciaire. Ces deux questions sont les suivantes : 1° si le gage hypothécaire déterminé, spécialisé par hypothèse, vient à périr ou à être détérioré par cas fortuit, le principe de spécialité empêche-t-il le créancier d'exercer aucun recours contre le débiteur, d'exiger par exemple de lui une nouvelle hypothèque sur un autre de ses immeubles ? 2° si le gage hypothécaire spécialisé vient à s'accroître, si par exemple des constructions sont édifiées sur le terrain hypothéqué ou si un terrain contigu est acquis par le débiteur et compris par lui dans le même enclos, le principe de spécialité empêche-t-il le créancier de profiter de cet accroissement de son gage ?

Nous consacrerons une section à l'étude de chacune de ces deux questions.

Section I. — Perte en Détérioration de l'Immeuble hyppthéqué

Le cas de perte ou de détérioration de l'immeuble spécialement hypothéqué à la garantie d'une créance est
prévu et réglementé par l'article **2131**.

Cet article fait partie de la section relative aux hypothèques conventionnelles. C'est donc cette hypothèque que le
législateur a eu principalement en vue en l'edictant. Aussi
l'étudierons-nous d'abord en nous plaçant exclusivement
dans l'hypothèse d'une hypothèque conventionnelle spéciale ; et, à ce propos, nous examinerons les conditions
requises pour qu'il y ait lieu à l'application de ce texte, et
en second lieu la nature précise du remède qu'il offre au
créancier. Nous aurons ensuite à nous demander quel est
exactement le champ d'application de cet article ; s'il s'applique à toutes les hypothèques conventionnelles, même lorsque, exceptionnellement, elles portent sur les biens à venir ;
s'il s'applique à toutes les hypothèques spéciales, même
lorsqu'elles ne sont pas conventionnelles.

I

Lorsqu'un créancier a consenti à prêter une certaine
somme remboursable au bout d'un terme déterminé,
moyennant une garantie hypothécaire, il a par là même
exprimé nettement qu'il n'entendait pas s'en rapporter à la
seule foi du débiteur, et que la condition à laquelle il su-
bordonnait et le prêt et le délai de remboursement était
l'existence de la garantie réelle telle qu'il l'avait stipulée.

A ne consulter que la rigueur du droit, on aurait pu dire
que le débiteur avait satisfait à son obligation réelle par le
fait seul qu'il avait fourni la sûreté réelle exigée par le contrat, et qu'il ne l'avait ni fait disparaître ni diminuée par
son propre fait ou sa faute ; ayant dès lors accompli tout ce
qu'il avait promis, il ne devait rien de plus jusqu'à l'expira-
tion du terme stipulé pour le remboursement, quels que
fussent les événements ultérieurs. Si le fait d'un tiers ou
un cas fortuit faisait périr ou détériorait l'immeuble hypothéqué, enlevant ainsi ou diminuant la garantie fournie, le
créancier ne pouvait rien exiger du débiteur, ni le remboursement anticipé, car un événement où le débiteur n'est
pour rien ne peut lui faire encourir la déchéance du terme
stipulé en sa faveur, ni un supplément d'hypothèque, car
en promettant une hypothèque spéciale, le débiteur avait
cantonné la garantie et ainsi affranchi par avance de toute
obligation hypothécaire le reste de son patrimoine. Tel eût
été dans le silence de la loi, le résultat auquel eussent conduit les principes combinés de l'interprétation des conventions et de la spécialité du gage hypothécaire (1).

1. Telle est la théorie admise notamment par M. Pont (tome II, nº 689).
Il en résulte, et nous aurons occasion de revenir sur cette idée, que l'article 2131 a le caractère d'une mesure de faveur pour le créancier. Une
autre théorie (Guillouard, tome III, nº 1615) admet que, dans le silence
de la loi, par application de l'article 1184 et de la condition résolutoire,
le contrat devant être considéré comme résolu lorsqu'une des parties ne
peut plus, même sans son fait, remplir les engagements qu'elle a pris, le
créancier pourrait poursuivre le remboursement anticipé. D'après cette
théorie, l'article 2131, donnant au débiteur le droit de repousser cette
poursuite par l'offre d'un supplément d'hypothèque, serait une mesure de
faveur pour le débiteur. La théorie de M. Guillouard ne nous semble pas
devoir être admise. L'engagement du débiteur, en ce qui touche à l'hypothèque garantie de son emprunt, se résume, étant donné le caractère réel
du droit hypothécaire, en deux choses : constituer l'hypothèque — ne rien

Résultat singulièrement dangereux pour le créancier.
Lorsque la perte ou la diminution de sûretés provient du fait
du débiteur, cette contravention à la loi du contrat lui fait
perdre le bénéfice du terme (article 1188); le créancier
peut exiger le remboursement immédiat et obtenir, à défaut de palement, un jugement de condamnation emportant
hypothèque générale. Il en est de même en cas de perte ou
de diminution fortuite survenue après l'échéance du terme
stipulé : le créancier peut alors exiger le remboursement.
Le danger n'apparaît que par la réunion de ces deux circonstances : perte ou détérioration survenue sans la faute
ni le fait du débiteur, et survenue alors que la créance
n'est pas encore exigible. Alors seulement l'application rigoureuse des principes juridiques conduirait à refuser toute
action au créancier.

Ce résultat, pour logique qu'il soit, n'en est pas moins
fâcheux et contraire à l'équité. La stipulation d'une hypothèque a prouvé que le créancier n'entendait accorder
terme et délai au débiteur que contre garantie réelle ; et,
cette garantie disparaissant en tout ou en partie, il se ver-
rait néanmoins contraint à observer le délai? Le législateur a pensé équitable dans ce cas de venir au secours du
créancier, et il l'a fait en l'autorisant, par une dérogation
au principe de la spécialité du gage hypothécaire, à exiger
du débiteur un supplément d'hypothèque qui rétablisse sa
garantie primitive.

De cet exposé du but que le législateur a voulu atteindre,
du mal auquel il a voulu remédier, ainsi que du texte

faire qui puisse empêcher le créancier d'en jouir. Il ne nous paraît pas
qu'on puisse aller au delà et dire qu'il s'engage à faire jouir le créancier
du droit hypothécaire.

même de la loi, se dégagent les conditions auxquelles est subordonnée l'application de l'article **2131**. On en peut trouver cinq.

Il faut que le gage hypothécaire soit devenu, postérieurement au contrat, insuffisant pour la garantie de la créance. Cette condition, exprimée par ces mots « De manière qu'ils (les immeubles) fussent devenus insuffisants pour la sûreté du créancier », se justifie pleinement. En effet, si l'événement survenu, quoique ayant diminué la valeur de l'immeuble hypothéqué, l'a laissé néanmoins suffisant pour garantir pleinement le créancier, celui-ci ne saurait se plaindre. D'autre part, si l'insuffisance existait déjà au moment du contrat, si le créancier a prêté trente mille francs sur une maison n'en valant que vingt-cinq mille, le créancier ne peut s'en prendre qu'à sa propre imprudence d'avoir consenti un pareil prêt ; la loi n'a pas à remédier à un danger de ce genre. Il est par suite impossible d'approuver un arrêt de la Cour de Riom qui a appliqué l'article **2131** dans cette circonstance (**1**).

Il faut en second lieu, et pour la même raison, que l'insuffisance soit le résultat d'événements impossibles à prévoir lors du contrat. Sinon, le créancier n'a à s'en prendre qu'à lui-même et à son imprudence d'avoir accepté une garantie dont la valeur était dès lors susceptible de diminution. C'est ce qui a lieu notamment lorsque le créancier a accepté comme gage hypothécaire une mine, une carrière, un bois en exploitation : il ne saurait se plaindre d'extractions ou de coupes régulières (**2**). De même s'il a

1. Riom, 24 août 1810, S., 1813, 2, 221.
2. Implicitement résolu dans un arrêt de rejet. Cassation, 30 mars 1868, S., 1868, 1, 201 ; Cf. Dijon, 6 juillet 1883, S., 1884, 2, 44, où la question est posée sans être résolue.

— 159 —

accepté une hypothèque portant sur un immeuble dont le débiteur n'était propriétaire que sous condition suspensive ou résolutoire, il n'aura pas le secours de l'article 2131 au cas où son hypothèque s'évanouirait par suite de la défaillance de la condition suspensive ou de l'événement de la condition résolutoire (1).

En troisième lieu, il faut que l'insuffisance provienne d'une perte ou d'une dégradation matérielle de l'immeuble hypothéqué.

Cette condition résulte de ces mots de l'article 2131 « en cas que les immeubles eussent péri ou éprouvé des dégradations », termes qui excluent nettement la possibilité de tenir compte d'une dépréciation de valeur ne provenant pas d'une perte ou d'une dégradation matérielle. Ainsi j'ai prêté trente mille francs sur une maison située à proximité d'une gare de chemin de fer et valant trente-cinq mille francs ; puis, la gare est déplacée et l'immeuble subit de ce chef une dépréciation de dix mille francs ; je ne pourrai pas arguer de l'article 2131 pour exiger un supplément d'hypothèque.

Cette condition est la seule qui ne nous semble pas en rapport avec le but que le législateur s'est efforcé d'atteindre. Qu'importe en effet que la diminution de valeur du gage hypothécaire soit le résultat d'une cause économique ou d'une cause matérielle ? Y a-t-il moins, dans le premier cas, insuffisance de garantie, et par suite danger pour le créancier ? A danger égal, il fallait même remède. On dit bien, il est vrai, pour défendre la loi sur ce point, que de pareilles dépréciations économiques sont de ces événe-

1. Caen, 25 février 1837, D., 1838, 2, 97.

ments que le créancier doit faire entrer en ligne de compte au moment du contrat et dont il aurait par suite mauvaise grâce à se plaindre quand ils se réalisent. Mais cet argument repose sur une équivoque. Vrai s'il s'agit d'un de ces mouvements économiques généraux, s'étendant à tout un pays, à toute une région, ou à toute une ville, amenant une hausse ou une baisse de valeur pour toute une série d'immeubles analogues, l'argument devient faux si on l'applique à un événement tel que celui que nous avons choisi comme exemple, qui ne déprécie qu'un seul ou qu'une série restreinte d'immeubles, qui tient à une cause accidentelle et a un effet absolument local. Que les parties subissent, chacune en ce qui la concerne, le contre-coup des événements de la première catégorie, rien de plus juste, et il serait même impossible qu'il en fût autrement ; ces mouvements économiques en effet sont incessants, perpétuels ; la valeur des immeubles, pas plus que celle des autres choses, n'est jamais stable, et il est vrai de dire que le créancier, en stipulant sa garantie, a dû compter sur de telles fluctuations. Mais on n'en peut dire autant pour les événements du second genre. Pour ceux-là, aussi bien que pour les dégradations matérielles, il y a un fait absolument impossible à prévoir parce qu'il n'est pas dans la marche normale des choses, fait d'ailleurs facilement reconnaissable et déterminable par les tribunaux. Nous estimons qu'il y a là une lacune dans la loi, et qu'elle aurait dû, pour ces cas comme pour ceux de dégradation matérielle, ouvrir au créancier l'action en supplément d'hypothèque.

La quatrième condition est que l'insuffisance soit survenue avant l'échéance du terme, avant l'exigibilité de la créance. Elle est implicitement contenue dans ces mots du texte « le créancier pourra ou poursuivre dès à présent son remboursement... » Si la loi, comme remède à la situation, lui permet de poursuivre un remboursement anticipé, c'est qu'elle suppose la créance non encore échue.

Cela est d'ailleurs en parfaite harmonie avec le but du législateur, tel que nous l'avons défini. Il veut rétablir la situation telle qu'elle existait lors du contrat, et faire rendre au créancier une garantie efficace, parce qu'elle est la condition moyennant laquelle il a accordé un terme. Si ce terme est déjà expiré, la condition n'a plus de raison d'être ; l'exigibilité de la créance a mis fin au contrat, il est inutile d'en faire revivre les conditions premières. Le créancier est d'ailleurs bien plus puissamment armé qu'il ne le serait par l'article 2131, car, le terme étant échu, il a droit de poursuivre le remboursement immédiat, et, à défaut du paiement, il obtiendra un jugement de condamnation et une hypothèque judiciaire générale (1).

Il faut enfin que l'insuffisance soit survenue par suite d'un cas fortuit ou du fait d'un tiers, mais sans la faute ou le fait du débiteur (2).

Cette condition résulte de l'existence de l'article 1188 qui, prévoyant le cas où, par son fait, le débiteur diminue les sûretés promises, donne une autre solution que celle de l'article 2131. Il faut faire à chacun de ces deux textes

1. Voir sur ce point les trois arrêts suivants : Paris, 2 mai 1849, D., 1850, 5, 276 ; Paris, 22 novembre 1853, D., 1855, 2, 171 ; Paris, 15 mai 1865, S., 1865, 2, 257, qui accordent tous trois dans notre hypothèse l'hypothèque judiciaire ; mais, tandis que le premier l'accorde en écartant complètement l'article 2131, inapplicable à cause de l'exigibilité de la créance — ce qui est, à notre sens, très exact — les deux autres l'accordent *a fortiori* de l'article 2131 — ce qui est un mauvais motif pour une bonne décision.

2. Orléans, 24 mars 1859, S., 1859, 2, 673.

Chereau   11

sa place ; rien d'ailleurs de plus facile, et les solutions différentes qu'ils donnent s'expliquent parfaitement.

Lorsque par son fait ou sa faute, le débiteur diminue les sûretés promises, comme si, ayant donné hypothèque sur sa maison, il en démolit une aile, ou ayant donné hypothèque sur un bois de haute futaie, il y fait une coupe, il contrevient au contrat ; l'article 1188 décide alors et très justement qu'il ne peut plus l'invoquer en ce qu'il présente de favorable à son égard ; il est déchu du bénéfice du terme (1). Et cette déchéance est encourue, même si la diminution du gage est de peu d'importance et si la garantie demeure suffisante ; il reste toujours que le débiteur a manqué à ses engagements et par là même délié le créancier des siens. Le créancier pourra donc dans ce cas exiger le remboursement immédiat ; il ne sera pas tenu de s'arrêter devant un supplément d'hypothèque que lui offrirait le débiteur.

Autre est le cas de notre article ; la diminution des sûretés provient d'un fait auquel le débiteur est étranger, comme s'il a hypothéqué un champ, et qu'une inondation en enlève une partie notable. Le débiteur n'a alors manqué à aucun de ses engagements et, en principe, le créancier ne doit dès lors être relevé d'aucun des siens. Si donc le gage malgré l'événement, est demeuré suffisant, le créancier ne pourra rien réclamer ; dans le cas contraire, sans doute le législateur doit aller à son secours et il ne peut le faire qu'au détriment du débiteur, mais il ne le fera que dans la moindre mesure possible, et, autant qu'il le

1. Il a été jugé que l'article 1188 s'appliquait aussi bien aux dettes hypothécaires qu'aux dettes chirographaires. Angers, 15 mai 1861, S., 1861, 2, 442.

pourra, il laissera au débiteur le bénéfice du terme. Le créancier ne sera autorisé à exiger le remboursement anticipé que si le débiteur ne peut ou ne veut lui offrir un supplément d'hypothèque.

Maintenant que nous connaissons les conditions requises pour l'application de l'article 2131, il nous est possible d'aborder avec fruit l'étude de deux cas controversés (1).

1° Expropriation de l'immeuble hypothéqué pour cause d'utilité publique.

L'expropriation pour cause d'utilité publique est un événement auquel la volonté du débiteur est absolument étrangère. L'article 2131 est il applicable dans ce cas ?

La majorité des auteurs, d'accord avec la jurisprudence, décide, avec raison, croyons-nous, que l'article 2131 est inapplicable au cas d'expropriation pour cause d'utilité publique. Il suppose, en effet, qu'un événement, telle qu'une perte ou une dégradation matérielle a diminué les sûretés du créancier ; or, si l'expropriation peut bien, à la rigueur, être considérée comme une perte, puisqu'elle met l'immeuble hors du commerce, elle ne saurait à coup sûr, être considérée comme une diminution de sûretés, puisqu'elle substitue à l'immeuble, dans le patrimoine du débiteur, une indemnité qui, par la façon dont elle est fixée, par le droit qu'ont les créanciers inscrits d'exiger l'intervention du jury, est exactement représentative de la valeur de cet immeuble. Il n'y a pas diminution de sûretés, puis-

---

1. On étudie quelquefois à cette place le cas de l'aliénation volontaire de l'immeuble hypothéqué. En réalité, s'agissant alors d'un fait du débiteur, la seule question qui puisse se poser est celle de savoir si ce fait est de nature à permettre l'application de l'article 1188 ; mais l'article 2131 est certainement hors de cause.

que le droit du créancier hypothécaire se trouve reporté d'un immeuble à une somme qui en représente la valeur intégrale (1).

Il est vrai que, dans la pratique, ce ne sont pas les créanciers, mais bien les débiteurs qui ont invoqué, en cas d'expropriation, le bénéfice de l'article 2131. Nous n'avons commis aucune faute, disent-ils, nous n'avons pas demandé que le gage fût réalisé ; on ne peut donc songer à nous priver du bénéfice du terme, à nous imposer une déchéance imméritée, et pour cela, il n'est qu'un moyen ; nous autoriser, conformément à l'article 2131, à offrir un nouveau gage hypothécaire à la place de celui disparu, et, le créancier étant ainsi pleinement garanti, à toucher nous-mêmes l'indemnité d'expropriation. Sinon, cette indemnité ira au créancier hypothécaire ; il sera remboursé par anticipation, et nous serons injustement dépouillés du terme stipulé.

Il est certain que cet effet de l'expropriation est des plus fâcheux pour les débiteurs ; mais nous ne croyons pas qu'il soit possible d'y remédier par l'application de l'article 2131. Que si, dans notre hypothèse, le jeu des règles de l'expropriation, en reportant les garanties de l'immeuble sur l'indemnité et en autorisant la répartition immédiate de celle-ci, même entre créanciers à termes (2), cause au débiteur exproprié une déchéance imméritée, c'est au législateur de remédier par un texte à cette situation. Il

1. Loi du 3 mai 1841, art. 18.
2. Cela est admis par tous les auteurs ; en effet, l'hypothèque a produit son effet légal et a cessé de frapper la chose ; ce cas doit être assimilé à celui de la purge. Le seul point controversé est celui de savoir si le débiteur peut ou non trouver dans l'article 2131 un remède à cet inconvénient.

n'appartient pas à l'interprète, pour arriver à ce but, de détourner un article de loi de sa signification véritable. L'article 2131 a été édicté en vue d'une hypothèse toute différente, celle de diminution de sûretés, il se préoccupe exclusivement d'une chose, l'intérêt du créancier ; il n'a nullement en vue celui du débiteur auquel il impose toujours un sacrifice : au maximum la privation du terme stipulé, au minimum la constitution d'un supplément d'hypothèque, dans des circonstances où, de droit strict, le débiteur ne devrait être obligé à rien. Aussi le débiteur ne peut-il s'en prévaloir que pour'obliger le créancier, agissant en vertu de cet article en cas de diminution de sûretés, à s'en tenir aux termes mêmes de la loi, à se contenter du supplément d'hypothèque qui lui est offert, sans pouvoir, en présence de cet offre, exiger un remboursement anticipé. En dehors de là, le débiteur ne saurait avoir le droit d'invoquer l'article 2131 dans des circonstances en vue desquelles il n'a pas été écrit, et de retourner contre le créancier qui puise dans d'autres règles juridiques le droit à un remboursement anticipé, une mesure de protection édictée en faveur de celui-ci (1).

2° Perte partielle d'un immeuble assuré.

Lorsqu'un immeuble est détruit par un incendie, une inondation ou un autre évènement de ce genre, il est rare que la destruction soit absolument totale et telle qu'il ne reste pas une parcelle de l'immeuble ; presque toujours elle ne sera que partielle. S'agit-il, par exemple, ce qui est l'hy-

---

1. Voir notamment sur cette question : Dans notre sens : Pont, tome II, n° 698 ; Cassation belge, 26 août 1850, Pasicrisie belge, 1851, 1, 138 ; Paris, 13 février 1858, S., 1858, 2, 170 (très bien motivé). — En sens opposé : Del Marmol, *Revue pratique*, 1861, tome XII, p. 209 et suiv.

pothèse la plus intéressante et la plus pratique, d'un immeuble bâti, l'incendie ou l'inondation détruira bien les bâtiments (encore laissera-t-il souvent subsister les gros ouvrages), mais ne touchera pas au terrain.

Il en résulte que, si l'immeuble est hypothéqué, l'hypothèque ne disparaîtra pas faute d'objet. Seulement le créancier aura pour gage un immeuble d'une valeur plus ou moins considérablement diminuée.

Si l'immeuble n'était pas assurée contre l'accident qui a déterminé sa détérioration, rien ne complique le problème ; il y a diminution de sûretés, et, si elle est telle que ce qui reste de l'immeuble ne soit plus suffisant pour la garantie du créancier, l'article 2131 s'applique sans aucun doute.

Si l'immeuble était assuré, l'attribution de l'indemnité d'assurance changera-t-elle cette solution, et fera-t-elle écarter l'application de l'article 2131 ? Telle est la question que nous avons à résoudre. La solution en est modifiée par suite d'une loi du 19 février 1889.

Avant cette loi, et dans le silence du contrat, la jurisprudence et la grande majorité des auteurs décidaient que l'indemnité d'assurance étant, en droit sinon en fait, non pas la représentation de la partie détruite de l'immeuble, mais le fruit du contrat aléatoire passé entre le sinistré et l'assureur, ne pouvait être attribuée aux créanciers ayant une hypothèque simple ou privilégiée sur l'immeuble partiellement détruit : elle tombait dans le patrimoine du débiteur sinistré, pour y grossir le gage commun de tous ses créanciers, chirographaires ou hypothécaires (1). La situa-

1. Cassation, 20 décembre 1859, S., 1860, 1, 24 ; Cassation, 31 décembre 1862, D., 1863, 1, 423. En sens contraire : Labbé, *Revue critique de législation et de jurisprudence*, 1876, p. 689 et suiv., *Des privilèges spéciaux sur les créances.*

tion du créancier hypothécaire était donc la même que s'il n'y avait pas eu d'assurance, et il pouvait, si son gage était devenu insuffisant, réclamer l'application de l'article 2131 (1).

La loi du 19 février 1889 a modifié cette situation. Elle décide que « les indemnités dûes par suite d'assurances contre l'incendie, contre la grêle, contre la mortalité des bestiaux ou les autres risques, sont attribuées, sans qu'il y ait besoin de délégation expresse, aux créanciers privilégiés ou hypothécaires suivant leur rang »... et que « il en est de même des indemnités dûes en cas de sinistre par le locataire ou par le voisin, par application des articles 1733 et 1382 du Code civil ».

Il ne nous appartient pas d'analyser les divers arrêts soulevés par cette nouvelle loi et de rapporter les controverses auxquelles elle a donné lieu, non plus que de rechercher quelles sont les indemnités qui, n'étant pas comprises dans son texte, ne sont pas attribuées de plein droit aux créanciers privilégiés ou hypothécaires, bien qu'elles soient également en fait la représentation de l'immeuble et qu'il y eût par conséquent même raison de décider à leur égard (2). Il nous suffira de dire que, dans ces cas, la solution reste la même qu'avant la loi de 1889 et que l'article 2131 demeure applicable.

1. La pratique remédiait à cette situation, mais seulement en ce qui concerne les hypothèques conventionnelles, en insérant dans le contrat une clause de transport au profit du créancier hypothécaire, de l'indemnité éventuelle d'assurance.

2. Citons seulement à titre d'exemple : l'indemnité dûe à raison d'un dommage quelconque causé à l'immeuble, en vertu des articles 1382, 1383, 1386 du Code civil ; l'indemnité allouée pour un bien détruit dans l'intérêt de la défense nationale, etc...

Il n'en est plus toujours ainsi, au contraire, dans les divers cas, d'indemnités qui rentrent dans l'énumération de la loi du 19 février 1889. Il y a alors, croyons-nous, une question de fait à résoudre pour savoir si le créancier peut ou non se prévaloir de l'article 2131.

Il ne le pourra pas toutes les fois que l'indemnité à lui attribuée suffira à le désintéresser complètement, car il sera alors de toute évidence que cette indemnité, substituée par la loi à son gage primitif, ne sera pas devenue insuffisante à sa sûreté.

Il le pourra, au contraire, dans tous les cas où cette indemnité ne suffira pas à le désintéresser, quelle qu'en soit d'ailleurs la cause, que cela provienne du peu d'importance de la partie détruite de l'immeuble, ou d'une assurance insuffisante, ou d'un manque de solvabilité de l'assureur, pourvu que la partie non détruite de l'immeuble ne suffise pas à le garantir de ce qui lui restera dû après attribution de l'indemnité d'assurance (2) : alors, en effet, l'évènement a amené une insuffisance du gage. Ainsi je prête quatre-vingt mille francs, et reçois hypothèque sur un immeuble bâti valant cent mille francs. Les bâtiments sont incendiés ; leur valeur de soixante-dix mille francs est couverte par une assurance, mais l'insolvabilité de l'assureur ne permet de toucher qu'une somme de vingt mille francs ; cette indemnité jointe à la valeur du terrain est insuffisante, à garantir ma créance ; je pourrai exiger un supplément d'hypothèque ou le remboursement anticipé. Si au contraire, l'assureur étant solvable, il ne me reste dû que dix mille francs, ils sont entièrement garantis par

2. Nous supposons, bien entendu, qu'avant l'événement, le créancier venait en ordre utile, avait un gage pleinement suffisant.

la valeur du terrain. Je subis bien un certain préjudice, étant obligé de recevoir en deux fois le paiement de ce qui m'est dû, mais ce préjudice ne saurait m'autoriser à demander l'application de l'article 2131, qui, d'ailleurs, ne me serait alors d'aucun secours, puisqu'il aboutit en première ligne à un supplément d'hypothèque dont je n'ai que faire.

Il en est de même *à fortiori* lorsque la partie non détruite de l'immeuble suffit à elle seule à garantir entièrement la créance non encore échue, et nous pensons même que dans ce cas, le créancier, ne subissant aucun préjudice ne saurait prétendre à l'indemnité d'assurance et faire ainsi subir à son débiteur une déchéance imméritée du terme stipulé.

Si le débiteur voulait se prévaloir de l'article 2131 pour toucher l'indemnité d'assurance que la loi attribue au créancier hypothécaire, offrant d'ailleurs à celui-ci un supplément d'hypothèque, ou, ce qui revient au même, offrant d'employer l'indemnité à reconstruire l'immeuble détruit, nous pensons que, étant donné le silence de la loi de 1889 sur cette question, il ne serait pas recevable dans cette prétention, et cela pour la raison que nous avons donnée dans une hypothèse analogue, au cas d'expropriation (1). Aussi doit-on regretter que la loi de 1889

1. Les deux hypothèses ne sont pas complètement identiques en ce qui concerne le créancier. Au cas d'expropriation, l'hypothèque cesse de frapper la chose ; il y a perte totale du gage hypothécaire, ce qui permet d'assimiler ce cas à la purge et autorise le remboursement anticipé ; dans notre cas, au contraire, l'hypothèque continue de grever ce qui reste de la chose, par exemple le sol sur lequel s'élevait la maison sinistrée ; il n'y a que diminution du gage hypothécaire, et par suite le créancier n'a pas droit à un remboursement anticipé : il se fera colloquer sur l'indem-

n'ait pas, comme l'a fait l'article 51 de la loi hypothécaire
du Tessin du 21 octobre 1891, donné à l'assuré, sous le
contrôle de la justice, le droit d'employer l'indemnité d'assurance à réparer la détérioration (1).

II

Lorsque se trouvent réunies les diverses conditions que
nous venons d'analyser, et que l'article 2131 est applicable,
quelle est exactement la nature du secours qu'il apporte au
créancier ?

La construction grammaticale de l'article semble indiquer qu'il donne au créancier une alternative, le choix
entre deux exigences : ou le remboursement immédiat,
anticipé, ou un supplément d'hypothèque. Tous les auteurs
s'accordent à reconnaître qu'il y a là un vice de rédaction
et qu'en réalité, d'après la pensée certaine de la loi, le
créancier ne peut exiger qu'une chose : le supplément
d'hypothèque. Il peut bien à la vérité demander de suite
aux tribunaux le remboursement anticipé, mais le débiteur
rendra cette demande irrecevable par l'offre de nouvelles
et suffisantes sûretés. On en donne deux raisons absolument décisives : la première, c'est qu'on ne peut faire
perdre à un débiteur non fautif le bénéfice d'un terme sti-

nité, mais ne pourra toucher sa collocation qu'à l'échéance du terme ;
jusque-là elle restera consignée Il n'en est pas moins vrai qu'au regard
du débiteur, les deux hypothèses sont analogues ; dans l'une comme dans
l'autre, il se verra privé de l'immeuble sans pouvoir faire usage de l'indemnité : on conçoit donc qu'il puisse désirer et demander aux tribunaux
le bénéfice de l'article 2131, aussi bien dans notre cas que dans celui de
l'expropriation.

1. Nous n'avons connaissance d'aucun arrêt rendu à propos de la combinaison de la loi du 19 février 1889 et de l'article 2131.

pulé en sa faveur et le traiter aussi rigoureusement que si
par son propre fait il avait diminué les sûretés du créancier;
la seconde, c'est que les intérêts du créancier sont suffisamment sauvegardés par l'obtention d'un supplément
d'hypothèque, et qu'il ne saurait exiger davantage puisqu'on le replace ainsi dans la situation primitive du contrat (1).

Faut-il en conclure que le choix dans l'alternative de
l'article 2131 appartient au débiteur ? C'est la formule
habituelle des auteurs sur cette question ; c'est aussi ce
qui résulte des attendus d'un jugement du tribunal du
Havre, confirmé par la Cour de Rouen, où il est dit : « Que
même en ce cas, le supplément d'hypothèque ne se confère
que par la volonté du débiteur, puisque l'action doit lui
laisser le choix ou de rembourser ou de donner de nouvelles sûretés » (2). Nous ne croyons pas cette formule
exacte. Il en résulterait que le débiteur pourrait à son gré
et contre celui du créancier imposer le remboursement anticipé : or. dans le contrat de prêt hypothécaire le terme
est aussi bien stipulé en faveur du créancier qu'en faveur
du débiteur, car, s'il procure à l'un du temps pour se libérer
il assure à l'autre un placement généralement rémunéra-
teur. Si, mettant de côté la rédaction évidemment vicieuse
de l'article 2131, on déduit de l'esprit d'équité qui a dicté

1. La Cour d'Orléans a parfaitement résumé ces raisons : « Attendu que
l'objet de l'article 2131 est, en effet, de maintenir entre le créancier et le
débiteur l'intégrité du contrat hypothécaire. quelle que soit la cause de la
détérioration du gage. » Orléans, 24 mars 1859, S., 1859, 2, 673. Au
contraire, nous ne saurions approuver un arrêt de la Cour de cassation
ordonnant le remboursement anticipé, nonobstant l'offre de nouvelles sûre-
tès. Cassation, 17 mars 1818, S., 1818, 1, 260.

2. Dalloz, *Jur. gén. Priv. et hyp.*, n⁰ 1338.

cet article, qu'on ne peut faire subir au débiteur la déchéance du terme, il faut en tirer la même conclusion à
à l'égard du créancier. Si celui-ci, se refusant à accepter,
un remboursement anticipé exige, comme c'est son droit
un supplément d'hypothèque que d'ailleurs le débiteur est
en mesure de lui fournir, les tribunaux doivent, sous une
astreinte, obliger le débiteur à consentir ce supplément de
garantie. Et si, le débiteur se refusant à exécuter ce jugement, le créancier se voit, de guerre lasse, obligé à recevoir un remboursement anticipé, ce résultat sera dû, non
pas à une application de l'article 2131, mais à une impossibilité matérielle d'exécution. L'astreinte sera d'ailleurs,
en pareil cas, un légitime dédommagement de la perte
subie par le créancier.

Ainsi, l'alternative n'existe en réalité que dans les termes de la loi, non sans son esprit ; une seule chose peut
être exigée, par le créancier, une seule imposée par le débiteur : c'est le supplément d'hypothèque. La vraie formule de la loi est celle-ci :.... le créancier pourra exiger
du débiteur un supplément d'hypothèque ; si le débiteur
ne peut ou ne veut accorder ce supplément, le créancier
pourra exiger le remboursement anticipé, sans préjudice
de dommages-intérêts si le terme est stipulé en sa faveur.

Il importe d'ailleurs de remarquer que l'hypothèque fournie sur le nouvel immeuble pour compléter la première
devenue insuffisante, prendra rang, nonpas à la date de cette
première hypothèque, mais bien à la date de sa propre
inscription : en un mot c'est une hypothèque nouvelle. Il
est tout à fait impossible de transporter l'ancienne d'un immeuble sur un autre immeuble ; ce n'est pas seulement le
principe de la spécialité qui s'y oppose, c'est encore et sur-

tout l'intérêt des tiers qui ont pu, dans l'intervalle des deux inscriptions, acquérir et conserver des droits réels sur le second immeuble.

Ajoutons enfin qu'il nous paraît impossible de ne pas tenir compte du mot « pareillement » qui commence l'article 2131. Après avoir, dans l'alinéa final de l'article 2129, défendu l'hypothèque des biens à venir, la loi y apporte une première exception par l'article 2130. La rédaction de l'article 2131 montre qu'elle en a fait une seconde exception à la même règle. Le supplément d'hypothèque pourra donc, en cas d'insuffisance des biens présents, être fourni en biens à venir. Cela est parfaitement d'accord avec l'esprit qui a guidé le législateur et qui consiste à donner satisfaction aux légitimes intérêts du créancier en sacrifiant le moins possible les droits stricts du débiteur, en ne lui imposant qu'à défaut de tout autre remède une déchéance imméritée. Les tribunaux n'accueilleront d'ailleurs cette offre d'une hypothèque des biens à venir que si elle n'est pas trop aléatoire (1), car le débiteur doit avant tout fournir une sûreté suffisante. Ainsi nous répondons à la grave objection faite par les partisans du système opposé : que ce n'est pas replacer le créancier dans la situation primitive du contrat que de l'obliger à se contenter d'une garantie aléatoire alors qu'il avait stipulé une garantie certaine.

III.

Bien que l'article 2131, par sa place au milieu de la sec-

1. MM. Baudry Lacantinerie et de Loynes en donnent un exemple excellent : le cas où le débiteur offre hypothèque sur des immeubles dépendant d'une succession qu'il paraît appelé à recueillir prochainement en qualité d'héritier réservataire (tome II, n° 1391).

tion relative aux hypothèques conventionelles, semble écrit
en vue de toutes ces hypothèques et rien qu'en vue de ces
hypothèques, cependant la jurisprudence a eu à résoudre
la question de savoir s'il ne s'appliquait pas également à
certaines hypothèques légales, et la doctrine s'est posé celle
de savoir s'il ne fallait pas en écarter l'application pour certaines hypothèques conventionnelles.

1°

Il est certain, en ce qui concerne les hypothèques légales,
que la question de savoir si l'article 2131 leur est ou non
applicable, ne peut se poser que pour celles d'entre elles qui
sont spéciales de leur nature, ou qui ont été spécialisées par
contrat ou par jugement. Les hypothèques légales générales
subissent nécessairement le contre coup de tout événement
qui diminue la valeur d'une des parties du patrimoine immobilier du débiteur : il est matériellement impossible à
celui-ci d'offrir alors au créancier à titre de supplément d'hypothèque un nouvel immeuble, puisque, par définition,
tous ceux qu'il a ou aura, sont déjà grevés de l'hypothèque
légale générale.

La solution de cette question sera d'ailleurs toute différente suivant que nous envisagerons une hypothèque légale
spéciale de sa nature, par exemple l'hypothèque des légataires, ou une hypothèque légale générale de sa nature,
mais spécialisée par contrat ou par jugement, par exemple
l'hypothèque de la femme, ou l'hypothèque dite judiciaire.
En effet, si l'article 2131 apporte un adoucissement à la
solution qu'imposerait le principe de spécialité, c'est dans
un esprit d'équité et uniquement dans le but de rétablir le
rapport existant entre la concession d'un terme au débiteur

et la constitution d'une hypothèque qui a été la condition. Or, dans le premier cas, l'hypothèque est née et s'est trouvée spécialisée indépendamment de la volonté des parties ; elle a été créée directement par la loi, et on ne peut pas dire qu'elle ait été la condition de la naissance de l'obligation. Sa seule diminution, survenue sans le fait du débiteur, n'autorisera donc pas le créancier à exiger de celui-ci un supplément de garantie ou à lui faire subir la déchéance du terme. Dans le second cas, au contraire, la volonté des parties est intervenue sinon pour la création, du moins pour la spécialisation de l'hypothèque. Le créancier a consenti, ou a été censé consentir (s'il y a eu jugement), à restreindre à certains immeubles la sûreté que la loi lui avait accordée sur l'ensemble du patrimoine immobilier de son débiteur. Il ne l'a fait que parce qu'il a cru suffisante la garantie qu'il conservait ; la loi, s'il s'agit de l'hypothèque d'un incapable, ne lui permet même de le faire qu'à cette condition. Si des événements postérieurs à la restriction ont amené une insuffisance du gage, il y a même motif qu'au cas d'hypothèque conventionnelle pour appliquer l'article 2131. Le législateur l'a fait lui-même dans une hypothèse, celle de l'hypothèque judiciaire (artile 2164 *in fine*).

Ainsi l'article 2131 ne s'applique pas aux hypothèques légales spéciales de leur nature, mais il s'applique aux hypothèques légales générales lorsqu'elles ont été spécialisées par contrat ou par jugement.

Faisons seulement deux observations relatives aux hypothèques de la femme, du mineur et de l'interdit. La première est que ces hypothèques étant prises pour sûreté de créances indéterminées, l'insuffisance du gage peut se produire non seulement par perte ou détérioration de l'immeuble hypothéqué, mais encore par l'augmentation des créances à garantir, survenue depuis l'évaluation qui en avait été faite lors de la spécialisation. La seconde, c'est que cette insuffisance autorise bien le créancier à réclamer un supplément d'hypothèque, mais ne l'autorise pas, au cas où le débiteur est dans l'impossibilité de fournir ce supplément, à exiger un remboursement anticipé : l'existence du mariage ou de la tutelle fait obstacle à cette solution.

La jurisprudence, en dépit de quelques hésitations, paraît se ranger à l'opinion que nous avons développée (1).

2°

L'article 2131 s'applique-t-il à l'hypothèque conventionnelle lorsque, exceptionnellement et en vertu de l'article 2130, cette hypothèque porte sur des biens à venir ? En d'autres termes, si un ou plusieurs des immeubles à venir, une fois entrés dans le patrimoine du débiteur, et affec-

---

1. Grenoble, 18 janvier 1833, S., 1833, 2, 457, *Hyp. de la femme*, solution contraire à notre opinion ; Rouen, 6 juillet 1840, S., 1840, 2, 537 ; Paris, 10 février 1857, S., 1857, 2, 124, *Hyp. de la femme*. Solutions conformes à notre opinion. Cassation, 28 avril 1875, S., 1875, 1, 304. Cet arrêt refuse l'application de l'article 2131, mais à juste titre, car, dans l'espèce, il n'y avait pas de faits nouveaux ayant amené, depuis la spécialisation, l'insuffisance du gage : or, c'est une des conditions d'exercice de l'article 2131.

On pourrait présenter, comme contraires à notre opinion, deux arrêts, dont les solutions nous paraissent justes, mais dont certains attendus sont en contradiction avec notre système ; mais il ne semble pas que l'attention des tribunaux se soit portée spécialement sur ces attendus : Montpellier, 17 décembre 1851, S., 1852, 2, 664 ; Cassation, 6 novembre 1860, S., 1861, 1, 25. Comparez avec Agen, 23 décembre 1887, S., 1889, 2, 194, qui, dans une hypothèse inverse de la nôtre, celle où des événements postérieurs à la première restriction ont rendu le gage trop important, accorde une seconde restriction, solution très juste.

tés par l'inscription à la garantie du créancier, viennent à périr ou à être dégradés sans le fait du débiteur, celui-ci est-il tenu de fournir un supplément d'hypothèque, ou, à défaut, d'effectuer un remboursement anticipé ?

Nous ne le pensons pas. Le texte et l'esprit de l'article **2131** s'y opposent également. « Les immeubles présents, assujettis à l'hypothèque », dit la loi. Dans ce cas, le créancier a accordé terme et délai en échange d'une garantie nécessairement aléatoire, puisqu'elle portait en partie sur des immeubles à venir. Si le débiteur n'avait acquis aucun immeuble, il n'en eût pas moins conservé le bénéfice du terme ; il en doit être de même si l'immeuble qu'il a acquis a ensuite diminué de valeur : le créancier garde toujours une sûreté égale à celle stipulée dans le contrat.

Section II. — Amélioration de l'immeuble hypothéqué.

Le cas d'amélioration de l'immeuble hypothéqué est prévu par l'article **2133**. Il décide que « l'hypothèque acquise s'étend à toutes les améliorations survenues à l'immeuble hypothéqué ».

Que faut-il entendre par ce mot amélioration ? que comprend-il exactement ? Y a-t-il amélioration, *hoc sensu*, si mon terrain hypothéqué s'accroît par alluvion, si je l'agrandis par l'adjonction d'un terrain contigu, si j'y élève des constructions ? Et d'autre part, faut-il voir dans la règle de l'article 2133 écrite à propos de l'hypothèque conventionnelle, c'est-à-dire spéciale, une exception au principe de la

Chereau   12

spécialité, ou au contraire l'application pure et simple des principes généraux du droit ?

La discussion de l'article fournit la réponse à cette double question. « M. Tronchet dit que diverses dispositions du Code civil déterminent ce qu'il faut considérer comme des accessoires de la chose principale ; que ces accessoires, s'identifiant avec la chose, deviennent ainsi passibles de toutes les charges dont elle est grevée. L'article est adopté » (1).

Ainsi le législateur, par ce mot d'un sens un peu vague et flottant, améliorations, a eu en vue une série bien nettement caractérisée, au point de vue juridique, d'améliorations : celles qui, d'après les dispositions mêmes du Code civil, s'identifient avec la chose principale, à titre d'accessoires, de manière à ne faire avec elle qu'un seul et même immeuble. Toute amélioration rentrant dans cette définition, tombera sous le coup de notre article ; toute autre restera en dehors de ses dispositions.

Par là même nous voyons que cette disposition de l'article 2133 n'est que l'application des principes généraux du droit ; c'est parce que l'accessoire prenant la nature même de la chose principale, s'identifie avec elle, s'absorbe en elle, et suit complètement son sort, qu'elle sert de gage aux créanciers ayant hypothèque sur la chose principale ; il est impossible qu'il en soit autrement puisque, juridiquement, il n'y a plus deux choses qu'on puisse séparer l'une de l'autre, mais une seule (2). Cela n'est en

1. Locré, tome XVI, p. 255.
2. C'est en vertu du même principe que l'hypothèque, nonobstant la spécialité, s'étend de plein droit et sans qu'il soit nécessaire de les énumérer, aux accessoires réputés immeubles existant au moment même de sa naissance (art. 2118). Rouen, 17 mai 1825, S., 1830, 2, 221.

rien une exception au principe de la spécialité ; ce principe a pour but et pour résultat que, entre les divers immeubles d'un même débiteur, ceux-là seuls expressément désignés servent de gage à son créancier, et que les autres sont affranchis de l'obligation hypothécaire ; il met obstacle à ce que l'hypothèque s'étende d'un immeuble à un autre non prévu au contrat, mais nullement à ce que l'hypothèque frappant un immeuble profite des accessoires qui viennent se fondre dans celui-ci, et qui, tout en augmentant sa valeur, n'opèrent aucun changement dans son individualité juridique.

Cela posé, il nous suffit de renvoyer à la théorie de l'accessoire pour déterminer, dans chaque hypothèse, si l'amélioration est de celles visées par notre article. Ainsi notre règle d'extension s'appliquera aux améliorations naturelles ou accidentelles, comme celles qui résultent de l'alluvion, des relais, de l'avulsion, de la formation d'un île ou îlot profitant aux riverains, soit parce que l'amélioration est telle qu'on ne peut matériellement distinguer la partie ajoutée de celle préexistante, soit parce que la loi attribue à titre d'accessoire la propriété de la partie nouvelle au propriétaire de la partie préexistante. Elle s'appliquera aussi aux améliorations industrielles, c'est-à-dire résultant du fait de l'homme, toutes les fois que la chose ajoutée aura par rapport à la chose préexistante le caractère juridique d'accessoire. La jurisprudence en a fait des applications très remarquables et très justes, dans un assez grand nombre d'espèces : aux immeubles par destination (1), aux eaux de source amenées sur le fonds lorsqu'elles émergent

1. Rennes, 31 août 1864, S., 1865, 2, 111 ; Cassation, 15 juillet 1867, S., 1868, 1, 9.

d'un autre fonds ayant le même propriétaire (1), aux constructions édifiées sur un terrain, quelle que soit d'ailleurs
la valeur respective des constructions et du terrain (car il
n'est pas douteux que la construction ne soit un accessoire
par rapport au sol : article 546) (2). Peu importe d'ailleurs
dans toutes ces hypothèses que l'amélioration soit le fait
d'un tiers détenteur, au lieu d'être celui du débiteur principal (3).

Toute amélioration au contraire qui a pour effet de créer
à côté de l'immeuble hypothéqué un autre immeuble non
accessoire à celui-ci et s'en distinguant juridiquement, ne
rentre pas dans les améliorations prévues par notre article
et ne fait pas partie du gage du créancier hypothécaire.
C'est ce qui arrive par exemple si j'achète l'immeuble contigu à celui hypothéqué alors même que j'aurais enclos
les deux immeubles d'un même mur, ou que je les aurais
fait servir à une même exploitation agricole ou indus-
trielle (4). Ces circonstances n'empêchent pas les immeubles
de rester juridiquement distincts l'un de l'autre, aucun
d'eux n'ayant le caractère d'accessoire de l'autre ; c'est le
cas par conséquent d'appliquer le principe de spécialité.

1. Grenoble, 26 décembre 1890 (rapporté sous cassation, 30 mars 1892,
D., 1892, 1, 389). « Les eaux de source, dit la Cour de Grenoble, constituent des droits immobiliers, non seulement à leur point d'émergence,
mais partout où elles sont utilisées à titre de propriété ou de servitude. »
2. On trouve d'abord quelques arrêts donnant la solution inverse : Paris, 6 mars 1834, S., 1834, 2, 308, mais bientôt la jurisprudence s'est fixée,
d'une façon qui parait invariable, dans le sens indiqué au texte : Paris,
2 juillet 1836 et 18 janvier 1837, Dalloz, *Jurisp. gén. Priv. et hyp.*,
n° 1350 ; Rennes, 26 novembre 1851, *Journal du Palais*, 1852, 2, 75 ;
Nancy, 19 février 1881, S., 1882, 2, 161 ; Aix, 26 mars 1885 (rapporté
sous cassation, 25 avril 1888, S., 1889, 1, 49). Cf. pour une hypothèse
analogue : Bourges, 3 février 1851, *Journal du Palais*, 1851, 1, 471.
3. Cassation, 2 août 1886, D., 1887, 1, 293.
4. Poitiers, 1er juin 1875, S., 1875, 2, 148.

L'article 2133, bien que placé dans la section relative aux hypothèques conventionnelles, s'applique d'ailleurs à toutes les hypothèques, légales ou conventionnelles, spéciales ou générales, privilégiées ou non. La raison en est qu'il ne fait que consacrer le droit commun, et que, même en l'absence de ce texte, la règle qu'il édicte devrait être appliquée en vertu des seuls principes de notre droit. C'est en tant qu'accessoire que l'amélioration est grevée de l'hypothèque qui grève l'immeuble principal ; c'est parce que, s'identifiant avec cet immeuble, elle en prend toutes les charges ; qu'importe dès lors que la charge résulte de la convention ou de la loi, qu'elle soit spéciale ou générale. Le seul argument qu'on ait fait valoir contre cette théorie est tiré de la place qu'occupe notre article dans la section des hypothèques conventionnelles : ce vice de classification ne saurait prévaloir contre les motifs indiqués ci-dessus. La grande majorité des auteurs et la jurisprudence sont dans ce sens (1).

Remarquons toutefois que, si l'article 2133 s'applique à toutes les hypothèques, il n'offre d'intérêt qu'en ce qui concerne les hypothèques spéciales ou spécialisées. Pour les hypothèques générales, sa disposition est surabondante, puisque leur caractère même de généralité fait qu'elles grèvent tout nouvel immeuble qui entre dans le patrimoine du débiteur.

Il nous reste à examiner deux hypothèses controversées, où des raisons particulières ont paru à certains auteurs devoir faire écarter l'application du droit commun et de l'article 2133. Nous voulons parler du privilège du vendeur

1. Rennes, 16 février 1866, S., 1867, 2, 45 (*Hypothèque de la femme mariée*).

d'immeuble, et de l'hypothèque légale de la femme lorsque le mari est en faillite.

Première hypothèse. Un certain nombre d'auteurs se refusent à admettre l'application de l'article 2133 au privilège du vendeur d'immeuble (1). La jurisprudence, au contraire, revenant sur quelques arrêts rendus d'abord dans ce sens, paraît aujourd'hui se fixer dans le sens de l'extension du privilège du vendeur aux accessoires de l'immeuble vendu, aux améliorations dans le sens de l'article **2133** (2).

Les auteurs donnent de leur solution des motifs d'ordre juridique et des considérations d'équité. Examinons successivement les uns et les autres.

En droit, disent-ils, l'article 2103, en disant que le privilège du vendeur porte « sur l'immeuble vendu », s'oppose, tout étant de droit étroit, en matière de privilège à ce qu'il s'étende aux « améliorations survenues à l'immeuble vendu » Et d'ailleurs, par rapport à cette amélioration, le privilège manquerait de base ; car il est fondé sur l'enrichissement que le vendeur procure au patrimoine de l'acheteur. Cet argument ne nous paraît pas probant ; il cherche dans l'article 2103 la solution d'une question que cet article n'a certainement pas eu en vue de résoudre. L'article 2103 a pour but de déterminer sur quoi porte le privilège au moment de sa nais-

1. Notamment, MM. Aubry et Rau, tome III, p. 410, § 284 ; Pont, tome I, n° 197 ; Labbé, note sous Colmar, 8 décembre 1868, S., 1870, 2, 41.

2. Dans le sens opposé à l'application de l'art. 2133 : Paris, 6 mars 1834, S., 1834, 2, 308 ; Lyon, 26 janvier 1835. Dalloz, *Jurispr. gén. Priv. et hyp.*, n° 435. — Dans le sens favorable à l'application : Cassation, 15 juillet 1867, S., 1868, 1, 9 ; Colmar, 8 décembre 1868, S., 1870, 2, 41 (note opposée de M. Labbé) ; Bordeaux, 28 avril 1873, S., 1873, 2, 195.

sance, mais non de régler la manière dont il se comportera ensuite vis-à-vis de l'immeuble qu'il grève. Il décide quelle portion du patrimoine du débiteur sera soumise au privilège et il spécialise à juste titre celui-ci à l'immeuble vendu, mais il ne se préoccupe nullement des améliorations qui pourront accroître cette partie spécialement grevée. Le fondement du privilège fait qu'il naît spécialisé, mais ne justifie aucune dérogation aux règles ordinaires des hypothèques spéciales : or l'article **2133** n'est en rien contraire à la spécialité et s'applique notamment aux hypothèques conventionnelles, qui sont spéciales : il doit donc s'appliquer à notre hypothèse, à la quelle l'article **2103** est étranger.

Mais, dit-on, cette solution conduit à des résultats absolument contraires à l'équité. Nous ne le croyons pas. La question peut se présenter dans deux hypothèses distinctes, suivant que le vendeur se trouve ou non en conflit avec le créancier qui a fourni « l'amélioration » dont il prétend profiter.

Prenons d'abord le cas où, parmi les créanciers en conflit avec le vendeur, ne se trouve pas de créancier relatif à l'amélioration. Voici un des exemples qui se sont présentés dans la pratique. Primus vend à Secundus un terrain nu ; Secundus y édifie des constructions qu'il paye entièrement ; il emprunte à Tertius et lui propose hypothèque sur la maison. Tertius se fait délivrer un état des inscriptions, il n'en voit aucune grevant la maison et accepte avec sécurité le gage offert : et cependant il se verra primé par le privilège de Primus ? Cette objection, qui d'ailleurs se représente pour toute hypothèque grevant le terrain, aussi bien que pour le privilège du vendeur, nous touche peu ; Tertius devait se renseigner non seulement sur l'état hypothécaire de la construction, mais aussi sur celui du terrain ; il a manqué de prudence en ne le faisant pas. Une ventilation du prix de vente est donc absolument inutile et c'est à bon droit que les tribunaux l'ont refusée (1).

L'autre cas paraît moins favorable au vendeur. Reprenant notre exemple précédent nous supposerons que Secundus n'a pas payé les constructions édifiées sur le terrain vendu, que Tertius, en conflit avec le vendeur, est le constructeur et qu'il a régulièrement conservé son privilège. Si vous étendez le privilège du vendeur aux constructions, dit-on, non seulement vous donnez au vendeur un privilège sur une valeur qu'il n'a pas mise dans le patrimoine de son débiteur, mais encore vous le faites au détriment de celui qui a fourni cette valeur ; est-il rien de plus injuste (2)? Mais on tire de notre système une conclusion qu'il ne contient pas. De ce que nous étendons le privilège du vendeur aux constructions, il ne s'ensuit pas que, sur ces constructions, nous refusions au constructeur son privilège. Il va donc y avoir conflit et, sur la valeur de ces constructions déterminée par une ventilation du prix de l'immeuble, nous ne faisons pas de doute que le privilège du constructeur doive primer celui du vendeur du terrain, puisque c'est le constructeur qui a fait naître cette partie du gage du vendeur. Il est de règle en effet que, entre deux créanciers privilégiés sur une même chose, celui-là doit être

1. Arrêt précité : Bordeaux, 28 avril 1873, S., 1873, 2, 195.
1. C'est ce que dit implicitement l'arrêt précité de la Cour de Paris du 6 mars 1834 qui refuse au vendeur du terrain le privilège sur les constructions « parce qu'il n'a pu stipuler en sa faveur un privilège destructif de celui que la loi confère aux ouvriers et constructeurs qui remplissent les conditions prescrites par l'article 2103 du Code civil ».

préféré qui a fait naître la chose ou l'a conservée au profit de l'autre. Ainsi, dans ce cas, une ventilation du prix est nécessaire pour déterminer quelle portion de ce prix représente les constructions et permettre au constructeur d'exercer sur cette portion, à concurrence de la plus-value déterminée conformément à la loi, sa créance privilégiée, même préférablement au privilège du vendeur, mais, le constructeur étant désintéressé, le privilège du vendeur s'exercera à l'encontre de tous autres créanciers aussi bien sur ce qui reste de cette partie du prix que sur celle représentant le terrain par lui vendu.

Nous concluons donc que ni le droit, ni l'équité, ne s'opsent à l'application de l'article 2133 au privilège du vendeur (1).

Deuxième hypothèse. L'article 563 nouveau du Code de commerce, qui, au cas de faillite du mari, exclut virtuellement du gage de la femme toute acquisition onéreuse du mari pendant le mariage, écarte-t-il l'application de l'article 2133, s'il s'agit d'une « amélioration » réalisée par le mari à titre onéreux, mais relativement à un immeuble qui, aux termes même de cet article 563, continue à composer le gage hypothécaire de la femme ? Ainsi le mari est, avant le mariage, propriétaire d'un terrain ; au cours du mariage, il y élève des constructions, puis il tombe en faillite ; l'hypothèque de la femme porte évidemment sur le terrain ; porte-t-elle aussi, par application de l'article 2133, sur les constructions, encore que celles-ci constituent pour le mari une acquisition onéreuse ?

---

1. La question se pose en termes identiques à propos du privilège du copartageant. La solution est évidemment la même.

La question fut d'abord posée devant la Chambre civile de la Cour de cassation ; mais celle-ci en écarta l'examen par suite de circonstances accessoires, et, quoi qu'on en ait dit, rien dans ses considérants ne permet de préjuger dans quel sens elle l'eût résolue (1). Les Cours d'appel se prononcèrent ensuite à deux reprises en faveur de l'application de l'article 2133 « attendu, dit le second de ces arrêts, que l'article 563 du Code de commerce ni aucune autre disposition législative n'ayant apporté de modification à ce principe, en ce qui concerne l'hypothèque de la femme d'un commerçant, elle doit, sauf le cas de fraude, jouir du bénéfice du droit commun » (2).

Cette solution souleva dans la doctrine des critiques presque unanimes. Les auteurs firent avec raison remarquer que l'article 563 du Code de commerce est un texte exceptionnel, restrictif de l'hypothèque de la femme, dérogeant à l'article 2121 et pouvant parfaitement contenir également une exception à l'article 2133. Si l'on interroge l'esprit de cette disposition, l'exception ne paraît pas douteuse. On a voulu soustraire à l'hypothèque de la femme tout ce qui pouvait avoir été acquis pendant le mariage des deniers des créanciers du mari : n'est-ce pas le cas pour les améliorations réalisées à titre onéreux, quel que soit d'ailleurs le mode d'acquisition de l'immeuble amélioré ? L'arrêt rappelé ci-dessus déclare que la femme doit jouir du bénéfice du droit commun et par conséquent de l'article 2133, « sauf le cas de fraude », mais, précisément, l'article 563 du Code de commerce ne contient-il pas une présomption

1. Cassation, 24 janvier 1838, S., 1838, 1, 97.
2. Rouen, 29 décembre 1855, S., 1857, 2, 753 ; Grenoble, 28 juin 1858, D., 1859, 2, 191.

juris et de *jure* de fraude, présomption à cause de laquelle la loi défend à la femme de faire valoir son hypothèque sur certains biens du mari ?

Ces raisons nous semblent absolument décisives. La jurisprudence paraît d'ailleurs aujourd'hui vouloir se fixer dans ce sens (1).

1. Montpellier, 29 juillet 1867, S., 1868, 2, 190 ; Grenoble, 8 mars 1892, D., 1892, 2, 205.

CHAPITRE CINQUIÈME

RÉSUMÉ

Essayons de résumer les grandes lignes de cette législation relative à la spécialité du gage hypothécaire, dont
nous venons d'étudier les détails, pour en dégager les principes et en mettre en lumière les défauts les plus saillants.

I

L'hypothèque conventionnelle nous paraît de tous points
harmonieusement réglementée par le Code en vue de la
meilleure utilisation du crédit du débiteur ; il n'y a, à ce
sujet, aucune critique importante à adresser au législateur. Il oblige le débiteur à spécialiser le gage hypothécaire dans le contrat constitutif; il lui défend d'hypothéquer ses biens à venir tant qu'il trouve dans ses biens présents un gage suffisant à offrir à son créancier ; il lui permet au contraire de le faire, dès que les biens présents deviennent insuffisants à cet égard. Cette dernière disposition, souvent critiquée, nous semble très rationnelle : elle
tient compte de tous les éléments utilisables du crédit du
débiteur. Loin de l'effacer du Code, il conviendrait de préciser dans le texte de l'article 2130 la solution que nous
croyons y être implicitement contenue, c'est-à-dire que
l'hypothèque des biens à venir est possible aussi bien en
cas d'absence totale qu'en cas d'insuffisance des biens pré-

sents et libres. Enfin, la publicité de l'hypothèque conventionnelle doit, d'après le Code, refléter scrupuleusement la spécialité de l'acte constitutif.

II

Parmi les hypothèques légales, privilégiées ou non, nous en avons trouvé un certain nombre que la loi a pris soin de spécialiser en les créant, d'autres, au contraire ,qui sont générales. Des premières, nous n'avons rien à dire, puisqu'elles obéissent au principe de la spécialité. Il n'en est pas de même des secondes, qui y échappent.

Nous avons vu combien, dans la pratique, était considérable la brèche ainsi faite au principe de la spécialité, tant par suite du nombre des hypothèques légales générales, que par suite de la fréquente application de certaines d'entre elles, et notamment de celle de la femme mariée. Il est inutile de revenir ici sur ce que nous avons déjà dit des inconvénients multiples de cette généralité au point de vue des débiteurs, des créanciers, des tiers acquéreurs, du crédit public. Il est certain que l'existence de ces hypothèques dans notre droit détruit en grande partie le bénéfice économique et social qu'on serait en droit d'attendre de la spécialité du gage hypothécaire.

Les remèdes que le législateur a placés à côté du mal sont tout ou plus de simples palliatifs, très insuffisants dans la pratique. Laissons de côté la restriction légale qui ne fonctionne que pour une hypothèque déterminée et dans un cas déterminé. La restriction conventionnelle, outre qu'elle est facultative, qu'elle exige l'initiative des parties et la bonne volonté du créancier, qu'elle laisse le débiteur à sa discrétion, a deux inconvénients. D'une part, elle n'est pas toujours possible, notamment en ce qui concerne l'hypothèque de la femme mariée, la plus importante de toutes ; d'autre part, elle peut, lorsqu'elle est faite sous une certaine forme, laisser subsister une hypothèque générale. La restriction judiciaire est encore moins pratique. Indépendamment des frais, des lenteurs, des ennuis de toute sorte qu'entraîne un procès, il y a bien des cas où, à raison des liens qui existent entre débiteur et créancier, elle est moralement impossible : à supposer admise par la jurisprudence la solution que nous avons défendue, à savoir qu'elle est légalement possible pour l'hypothèque de la femme mariée, combien de maris n'hésiteront-ils pas, en présence d'un refus de la femme de consentir la restriction de son hypothèque, à compromettre par une action judiciaire la bonne harmonie du ménage ? Aussi ces deux sortes de restriction ne sont-elles pas d'un usage bien fréquent, et le remède ordinaire contre la généralité de l'hypothèque légale de la femme consiste plutôt dans la pratique des renonciations et subrogations.

Cette pratique elle-même est un mal de plus à ajouter à tous ceux que nous avons déjà signalés, engendré par la généralité de l'hypothèque de la femme mariée. Nécessaire pour rendre au mari un peu de son crédit, admise pour cette raison par la pratique d'abord, par la loi ensuite, elle est funeste pour la femme et pour la famille, en ce qu'elle annihile et détruit trop souvent la garantie légale. Combien ne serait pas préférable un régime où toutes les hypothèques, même celles des incapables, seraient ramenées à la spécialité et laisseraient ainsi intacte une partie du crédit des débiteurs, mais où, comme corollaire, les créanciers, lorsqu'ils sont incapables, ne pourraient se dépouiller de la garantie légale ainsi restreinte pas plus par des renonciations en faveur des tiers que par des renonciations en faveur des débiteurs eux-mêmes.

Un tel régime est certainement possible : l'étude des législations étrangères et des projets de réformes préconisés en France nous en fournira la preuve ; mais il n'est pas inutile de l'établir ici par avance en quelques mots.

Si nous retranchons de la liste des hypothèques légales générales celles d'entre elles qui ont le moins d'importance pratique et dont la suppression pourrait sans inconvénient être opérée, c'est-à-dire les privilèges généraux qui ne portent que subsidiairement sur les immeubles, le privilège du Trésor pour frais de justice criminelle et l'hypothèque de la régie des douanes sur les immeubles des redevables, nous restons en présence de quatre hypothèques légales générales d'une véritable importance pratique : celle de la femme mariée, celle du mineur et de l'interdit, celle de certaines personnes morales sur les biens de leurs comptables, et celle attachée aux jugements de condamnation. De ces quatre hypothèques, les trois premières garantissent des créances dont le montant est indéterminé au moment de la naissance de l'hypothèque, et telle est la raison principale pour laquelle le législateur de l'an VII et celui du Code civil les ont laissées générales (1). C'est là une mauvaise raison. Sans doute on ne peut au moment où commence un mariage ou une tutelle, déterminer avec une certitude absolue le montant des créances éventuelles de la femme contre son mari, ou le reliquat dont le tuteur se trouvera redevable envers son pupille ; on peut du moins

1. Cf. ci-dessus, p. 46.

l'évaluer approximativement et sans que les chances d'erreur préjudiciables à la femme ou au pupille soient bien considérables, car de pareilles évaluations sont généralement faites en tenant compte des plus grandes probabilités qu'ils ont de se trouver un jour créanciers. Une détermination par à peu près de la créance à garantir est donc possible ; elle rend possible une spécialisation du gage hypothécaire. Le seul inconvénient de ce système, c'est que, par suite de circonstances imprévues, les créances à garantir peuvent dépasser l'évaluation, et la garantie n'être plus complète. Encore cet inconvénient trouvera-t-il souvent un remède dans la possibilité pour la femme ou le pupille de prendre, dès l'instant où ils s'aperçoivent de l'insuffisance du gage, une nouvelle hypothèque, valant à sa date, sur les biens libres du mari ou du tuteur, s'il lui en reste. A tout prendre, le danger, ainsi restreint et circonscrit, que la spécialité de ces hypothèques laisserait courir aux créanciers, serait certainement beaucoup moins grave que l'absorption entière du crédit du débiteur qui résulte de la généralité actuelle de ces hypothèques, ou que l'insuffisance totale de garantie qui peut résulter pour la femme de renonciations ou de subrogations successives à son hypothèque. En ce qui concerne l'hypothèque judiciaire, le prétexte de l'indétermination de la créance existe encore moins : le jugement de condamnation détermine ordinairement le chiffre même de cette créance ; tout au moins donne-t-il une base certaine d'évaluation ; rien ne serait donc plus facile que de ramener à la spécialité cette hypothèque (à supposer qu'on veuille la conserver).

III

Lorsque l'immeuble spécialement hypothéqué vient à périr ou à être détérioré sans le fait ou la faute du débiteur, le Code civil, dérogeant avec raison, dans un but d'équité, à la stricte application du principe de spécialité, permet au créancier d'exiger que le débiteur le replace dans la situation primitive du contrat en lui fournissant un supplément d'hypothèque, et, faute par celui-ci de le faire, d'obtenir un remboursement anticipé. Ce texte établissant une mesure de faveur, dérogeant au droit commun, doit recevoir une interprétation restrictive ; or il résulte et de son esprit et de la discussion à laquelle il a donné lieu, qu'il n'a en vue que les hypothèses où l'hypothèque est spéciale ou spécialisée par un contrat ou un jugement ; il ne saurait s'appliquer aux hypothèques légales spéciales de leur nature. Il y a là une lacune. Si le législateur juge nécessaire d'attacher de plein droit une hypothèque à certaines créances qu'il voit d'un œil particulièrement favorable, il doit entourer cette garantie de toutes les mesures propres à en assurer l'efficacité, et autoriser le créancier, si l'immeuble légalement affecté à l'hypothèque périt ou se détériore sans la faute du débiteur, à exiger de celui-ci un supplément d'hypothèque,

En ce qui concerne l'amélioration de l'immeuble hypothéqué, le code se borne à appliquer les principes généraux du droit commun et à décider que toute amélioration ayant le caractère juridique d'un accessoire par rapport à l'immeuble hypothéqué profite au créancier hypothécaire, tandis que, à raison de la spécialité, toute autre amélioration ne saurait lui profiter. On ne peut qu'approuver cette double solution.

IV

Ainsi, le point capital qui, dans notre régime hypothécaire, appelle une réforme sérieuse et complète, c'est l'existence de quelques hypothèques légales générales. Sur tout le reste, il suffirait de quelques retouches partielles, surtout de quelques modifications dans la rédaction souvent vicieuse des textes, pour donner dans notre loi pleine satisfaction au principe tutélaire de la spécialité du gage hypothécaire. C'est donc surtout l'organisation des hypothèques légales que nous étudierons en droit comparé et dans les projets de réformes.

TROISIÈME PARTIE

Droit comparé et projets de réformes

CHAPITRE PREMIER

COMPARAISON, AU POINT DE VUE DE LA SPÉCIALITÉ, DES RÉGIMES HYPOTHÉCAIRES BASÉS SUR UNE PUBLICITÉ PERSONNÉLLE ET DES RÉGIMES HYPOTHÉCAIRES BASÉS SUR UNE PUBLICITÉ RÉELLE OU LIVRE FONCIER.

I

Les régimes hypothécaires existant dans les divers pays civilisés peuvent se répartir en deux groupes, suivant que la publicité de l'hypothèque est ou non réalisée au moyen de livres fonciers.

Dans les pays, comme la France, où les livres fonciers n'existent pas, la publicité des hypothèques est personnelle, c'est-à-dire qu'elle se fait sur des registres tenus par noms des personnes propriétaires d'immeubles. Dans les pays, comme la Prusse, où les livres fonciers existent, la publicité des hypothèques est réelle, c'est-à-dire qu'elle se fait sur des registres tenus en prenant pour base les immeubles eux-mêmes, chacun d'eux étant représenté par un feuillet spécial.

M. Paul Gide a, dans les lignes suivantes, décrit nettement le mécanisme de ces deux systèmes, en les opposant
l'un à l'autre, et montré la supériorité du système du livre
foncier sur l'autre au point de vue de la publicité et de la
sécurité qu'il procure à tous les titulaires de droits réels.

« Nos registres hypothécaires ne publient que certains
actes relatifs à la propriété foncière ; le livre foncier prussien public l'état même de la propriété foncière ; ce n'est
plus tel ou tel acte relatif à l'immeuble, c'est l'immeuble
même qui est inscrit. Le livre foncier est la représentation
et la description de l'état juridique du sol, de même que le
cadastre est la représentation et la description de son état
matériel. On va voir combien cette différence est importante au point de vue de la publicité et du crédit. Nos registres hypothécaires ne publiant que certains actes relatifs à la propriété foncière, il en résulte que toute la publicité qu'ils procurent se concentre autour des auteurs de ces
actes. Le conservateur, chez nous, ouvre un compte dans
ses répertoires, non à chaque immeuble, mais à chaque
propriétaire, réel ou apparent. C'est par noms de personnes que sont dressées ses tables alphabétiques. Il ne peut
donc délivrer que des certificats relatifs à telle ou telle
personne, et constatant, par exemple, qu'il n'y a eu du chef
de cette personne ni constitution d'hypothèque ni transcription ; mais il est hors d'état de délivrer des certificats relatifs à tel ou tel immeuble, et constatant par exemple que
cet immeuble n'a été l'objet d'aucune transcription, ni
d'aucune inscription de la part de qui que ce soit. En un
mot, la publicité qui résulte des registres hypothécaires,
étant purement personnelle, n'est par là même que relative, et la sécurité qu'elle peut procurer n'est que relative

aussi. De plus, des registres et des certificats par noms de personnes sont sujets à beaucoup d'erreurs, attendu que, d'une part, les ressemblances ou identités de noms sont fréquentes, et que, d'autre part, les successions testamentaires ou légitimes font souvent passer les immeubles sous des noms nouveaux à l'insu du conservateur. Ces dangers n'existent plus dans les registres allemands : le livre foncier a un feuillet et nn compte spécial non pas pour chaque propriétaire, mais pour chaque immeuble, et ces immeubles sont classés dans un ordre correspondant à la place qu'ils occupent dans les plans et registres du cadastre. La publicité est ici non plus personnelle, mais réelle, non plus relative, mais absolue : tous les actes qui grèvent le même immeuble, de quelque personne qu'ils émanent, se trouvent réunis et groupés dans la feuille qui concerne cet immeuble et pour ainsi dire le représente. » (1)

Comparons à présent ces deux systèmes au point de vue particulier qui nous occupe, c'est-à-dire au point de vue de la spécialité du gage hypothécaire.

Le système français nous est connu. La publicité par noms de propriétaires se prête aussi bien à un régime d'hypothèques générales qu'à un régime d'hypothèques spéciales ; le mécanisme technique de cette publicité ne réalise pas par lui-même la spécialité de l'hypothèque ; il faut, pour arriver à ce résultat, que la loi intervienne pour imposer la détermination spéciale de l'immeuble, tant dans l'acte constitutif que dans l'inscription.

La publicité par immeubles, telle qu'elle résulte des

1. Paul Gide : Notice à propos des lois prussiennes du 5 mai 1872. *Annuaire de législation étrangère*, année 1873, p. 210-211.

livres fonciers, est au contraire nécessairement une publicité spéciale : l'inscription de l'hypothèque, comme celle
de tout droit réel, faite sur un feuillet du registre, ne peut
concerner que l'immeuble auquel se rapporte ce feuillet ;
il y a impossibilité matérielle, résultant de la technique
même de l'inscription, à ce qu'elle puisse, en même temps,
concerner un autre immeuble du même propriétaire.

Est-ce à dire que la spécialité de l'hypothèque sera réalisée ? Non, pas nécessairement. Il faut à cet égard faire un
certain nombre d'observations importantes.

On peut diviser en deux groupes principaux les pays où
fonctionne le livre foncier. Dans le premier de ces groupes,
nous rangerons tous les pays où l'hypothèque, soit conventionnelle, soit légale, a une existence indépendante de son
inscription sur le livre foncier et préalable à cette inscription ; où elle produit à elle seule tous ses effets entre les
parties ; où, en un mot, l'inscription n'est exigée que pour
rendre l'hypothèque opposable aux tiers. Par là, ce groupe
se rapproche du système hypothécaire français, et l'inscription au livre foncier n'y est qu'une mesure de publicité,
comme notre inscription sur les registres hypothécaires ;
mieux organisée, mais de même nature. Le second groupe
au contraire, comprend les pays où l'hypothèque n'a d'existence et d'effet, même entre les parties, que par son inscription au livre foncier, en sorte, que cette inscription est
non seulement un mode de publicité rendant l'hypothèque
opposable aux tiers, mais encore une formalité essentielle
à la naissance même de cette hypothèque (1).

1. On répartit souvent les législations qui admettent le livre foncier
d'après une toute autre base : suivant que l'inscription au livre foncier a
ou non pour effet de purger les vices du droit inscrit et de le rendre

Dans les pays du premier groupe, où l'inscription n'est qu'une mesure de publicité, son caractère de spécialité ne saurait en rien modifier le caractère de l'hypothèque qu'elle ne fait que publier, mais qui avait déjà son existence propre, indépendante. On conçoit parfaitement que dans un tel régime, une hypothèque conventionnelle ou légale puisse être générale, sauf à ne pouvoir se réaliser à l'encontre des tiers que par des inscriptions nécessairement spéciales. Si donc le législateur veut éviter ce résultat, il lui faudra, comme dans notre régime hypothécaire français, prendre des mesures particulièrement combinées à cet effet.

Il n'en est plus tout à fait de même dans le second groupe de législations. Dans le régime de ces pays, le contrat et la loi sont, à eux seuls, impuissants à créer le droit réel d'hypothèque ; le contrat ne peut qu'engendrer pour le débiteur une obligation personnelle de constituer hypothèque par une inscription, pour le créancier une action personnelle en exécution de cette obligation ; la loi ne peut que donner au créancier qu'elle veut protéger le droit de prendre, sans le consentement du débiteur, incription hypothécaire. Mais l'hypothèque elle-même n'existera, dans l'un et dans l'autre cas, que par l'inscription prise en vertu du contrat ou en vertu de la loi (1). Dès lors, elle n'a d'éten-

incommutable. Mais cette division n'offre aucun intérêt en ce qui concerne le principe de spécialité.

1. C'est en ce sens qu'on a pu dire qu'en ces pays il n'y avait pas d'hypothèques légales (Lehr, *Traité élémentaire de droit civil germanique*, tome Ier, p. 354). On pourrait dire de même qu'il n'y a pas d'hypothèque conventionnelle, puisque la convention, pas plus que la loi, ne suffit à engendrer le droit réel d'hypothèque. C'est jouer sur les mots, car il y a dans ces législations des titres conventionnels ou légaux donnant au créancier le droit de requérir l'inscription, et l'hypothèque est créée dès que ces titres sont vivifiés par l'inscription ; elle a donc bien une source tantôt légale, tantôt conventionnelle.

due que celle de l'inscription : celle-ci étant faite sur un livre foncier, étant spéciale, l'hypothèque sera spéciale.

Ainsi, dans une législation où coexistent le livre foncier et la règle que l'inscription seule crée l'hypothèque, celle-ci est nécessairement spéciale.

Mais allons au fond des choses, et voyons si le législateur n'aura pas encore ici à intervenir. La spécialité de l'hypothèque est une règle technique, c'est un moyen, ce n'est pas un but. Le but qu'on cherche à réaliser par ce moyen, nous le connaissons, c'est d'utiliser dans toute la mesure possible le crédit véritable du débiteur, de ne pas ruiner ce crédit en grevant tout son patrimoine immobilier d'une hypothèque légale générale, de le défendre contre sa propre imprudence et de l'empêcher d'accorder à son créancier une garantie exagérée et portant sur l'ensemble de ce patrimoine.

Ce but est atteint en France par ce que nous appelons la spécialité de l'hypothèque. Qu'entendons-nous en effet par cette expression? Nous confondons la constitution même de l'hypothèque et le droit pour un créancier d'exiger, en vertu d'un contrat ou de la loi, cette constitution. Confusion bien naturelle, bien explicable dans une législation comme la nôtre où la constitution d'hypothèque a pleine force entre les parties par leur seul consentement exprimé en forme authentique, sans autre formalité, où, par suite, l'usage est de constituer directement hypothèque plutôt que de faire préalablement un contrat contenant promesse acceptée de constituer hypothèque. Il résulte de cette confusion que les termes de l'article 2129 doivent être interprétés comme prohibant non seulement la constitution d'une hypothèque générale, mais encore tout contrat

contenant une promesse générale de constituer des
hypothèques; nul doute par exemple que le contrat par
lequel un débiteur s'engagerait à constituer au profit de
son créancier une série indéterminée d'hypothèques spéciales sur chacun de ses immeubles présents et à venir,
serait annulé par les tribunaux comme violant l'article 2129.
Ainsi, par spécialité de l'hypothèque, nous entendons non
seulement que toute constitution d'hypothèque doit être spéciale, mais encore que toute promesse, tout titre légal ou
conventionnel accordant ou promettant une hypothèque,
doit contenir une désignation spéciale de l'immeuble qui
sera grevé.

Il n'en est plus de même dans les législations où l'hypothèque n'a d'existence que par son inscription sur un livre
foncier. Ici se distinguent très nettement, et dans l'usage
et dans la terminologie, le titre, contractuel ou légal, qui
promet l'hypothèque, qui donne au créancier le droit de
requérir l'inscription, et est valable avant l'accomplissement de cette formalité, et la constitution d'hypothèque
elle-même, impossible à réaliser sans l'inscription. Il en
résulte qu'on ne peut conclure de la spécialité de l'une à
la spécialité de l'autre. Ici l'expression « spécialité de l'hypothèque » a un sens plus limité, plus restreint que celui
que nous lui donnons en France; elle n'implique pas la
spécialité du titre conventionnel ou légal qui accorde le
droit de requérir inscription. Tant qu'on ne se trouve en
présence d'aucune disposition législative, la spécialité de
l'hypothèque résulte uniquement du mécanisme de son inscription spéciale; elle n'implique aucune prohibition relative à la promesse d'hypothèque; et, étant donné le principe de la liberté des conventions, le débiteur reste maître

de s'engager vis-à-vis son créancier par une promesse générale d'hypothèque qu'il réalisera par une série indéfinie de constitutions d'hypothèques spéciales. Il en est de même pour les hypothèques légales. La loi ne les crée plus directement, mais elle donne au créancier le droit de les créér sans le consentement du débiteur ; si ce droit qu'elle accorde n'est pas restreint par elle à certains immeubles du débiteur, le créancier pourra s'en prévaloir, à l'occasion de chacun des immeubles de celui-ci et grever ainsi d'hypothèques spéciales tout son patrimoine immobilier.

Ainsi dans ces législations, la spécialité des hypothèques ne donne pas à elle seule la sauvegarde du crédit du débiteur, la proportionnalité du gage à la créance. Pour atteindre ce but, il faut davantage ; il faut une disposition législative.

Est-ce à dire qu'il faudra toujours une disposition législation expresse ? Nous ne croyons pas devoir aller jusque-là. Il s'agit d'interpréter la volonté du législateur, et il est telles circonstances où, bien qu'il ne l'ait pas formellement exprimée, cette volonté n'en résulte pas moins clairement de l'ensemble et de l'esprit de ses dispositions. C'est ainsi qu'une législation qui prend soin de ramener à la spécialité toutes les hypothèques légales doit par cela seul être considérée comme exigeant *a fortiori* la spécialité de l'hypothèque conventionnelle, au sens complet de l'expression, c'est-à-dire la spécialité de la promesse aussi bien que celle de la constitution d'hypothèque.

Deux exemples montreront l'application de cette dernière idée.

Le projet de réforme du régime hypothécaire déposé par

M. Darlan sur le bureau du Sénat (1) supprime l'article 2129 et ne le remplace par aucune disposition relative
à la spécialité dans la constitution de l'hypothèque. Il n'exige
que la spécialité dans l'inscription, c'est-à-dire uniquement
dans la publicité, car, d'après ce projet, l'hypothèque
existe entre les parties indépendamment de son inscription.
En concluerons-nous à la possibilité d'une constitution
d'hypothèque générale ? nullement. L'esprit du projet
est fort clair : l'exposé des motifs indique l'intention d'appliquer plus rigoureusement qu'aujourd'hui la spécialité,
et le projet ramène à cette règle toutes les hypothèques
légales qu'il maintient. Il en résulte que la prohibition de
constituer une hypothèque générale doit être considérée
comme sous entendue par ce projet. Il n'en est pas moins
très regrettable, au point de vue d'une bonne rédaction
de la loi, que ce principe si important de la spécialité
ne soit pas formellement exprimé dans le projet.

La législation actuelle de la Prusse nous fournira un
exemple opposé. L'hypothèque n'y a d'existence que par
l'inscription au livre foncier ; elle est donc nécessairement
spéciale. Mais la loi accorde à certains créanciers le droit
d'exiger des inscriptions hypothécaires sans le consentement du débiteur, et ce droit n'est pas limité à certains
immeubles du débiteur ; il peut s'exercer sur tout son patrimoine immobilier. Nous concluerons de là, et du silence
de la loi sur la promesse d'hypothèque, qu'un débiteur

---

1. Ce projet appartient au premier groupe de législations, puisqu'il
conserve une publicité personnelle. Mais la démonstration n'en est que
plus probante à l'égard des autres groupes, puisque c'est dans ce système
que la nécessité d'une disposition législative imposant la spécialité appa-
rait le plus clairement : on voit par l'examen de ce projet que cette disposition législative peut être implicite, sous entendue.

pourrait valablement consentir à son créancier une promesse générale d'hypothèque. Il y a donc là une législation insuffisante à sauvegarder le crédit du débiteur (1).

Ainsi, quel que soit le mode de publicité des hypothèques, même s'il est réel, c'est-à-dire réalisé au moyen d'un livre foncier, même s'il constitue une condition de l'existence du droit réel d'hypothèque entre les parties, le législateur doit, s'il veut sauvegarder le crédit du débiteur, intervenir, par des dispositions expresses ou tout au moins implicites, pour obliger le créancier, s'il s'agit d'hypothèque conventionnelle à se contenter d'un gage spécialisé, s'il s'agit d'hypothèque légale, à ne prendre inscription que sur des immeubles limitativement déterminés du débiteur. Jamais la spécialité, au sens complet que nous donnons à cette expression, ne résulte de la seule technique de l'inscription.

L'examen de quelques-unes des législations étrangères nous montrera l'application de ces observations (2).

1. Le danger est en réalité plus théorique que pratique. L'intérêt du débiteur est de résister aux exigences du créancier, afin de ménager son crédit, et la résistance lui sera facile avec le système perfectionné de publicité qui résulte du livre foncier. Il n'y en a pas moins là une lacune dans la loi.

2. Voici les législations types que nous étudierons :

Publicité personnelle.......................... { Belgique. / Italie.

Publicité réelle ou livre foncier.
- La constitution d'hypothèque est valable entre les parties indépendamment de l'inscription au livre foncier. { Suède. / Tunisie.
- La constitution d'hypothèque n'est valable, même entre les parties, que par l'inscription au livre foncier.
  - Le droit général de s'inscrire est refusé au créancier. { Australie. / Autriche.
  - Le droit général de s'inscrire est laissé au créancier. { Prusse.

II

Les projets et les vœux de réforme du régime hypothécaire français peuvent, comme les législations étrangères, se
répartir en deux groupes bien distincts. Les uns conservent
comme point de départ la base actuelle de notre régime,
c'est-à-dire la publicité personnelle, s'efforçant seulement
de ramener toutes nos hypothèques, sans exception, au double principe de publicité et de spécialité. Les autres, plus
radicaux, changent la base même de notre publicité et y
substituent les livres fonciers.

Nous ne parlerons pas de cette seconde série de projets
de réformes. L'introduction en France d'un régime hypothécaire basé sur un livre foncier soulève des questions
si nombreuses, si délicates, d'ordres si divers, elle a déjà
donné lieu à tant de travaux préparatoires, qu'il est impossible d'en discuter la valeur, l'opportunité, les moyens
de réalisation en quelques pages ; elle mérite et elle exige
à elle seule une étude complète. Cette étude d'ailleurs
serait déplacée ici, car, s'il résulte d'un tel régime des
changements au point de vue de la spécialité, ce ne sont
assurément pas les plus grands qu'entraînerait cette transformation, et il est impossible de les isoler des autres. Son
étude appartient donc plutôt à l'histoire de l'hypothèque
considérée sous toutes ses faces, qu'à celle de la spécialité
du gage hypothécaire. Ce que nous avons dit plus haut du
livre foncier dans ses rapports avec le principe de spécialité,
et de la nécessité, même dans ce système, de l'intervention
du législateur pour assurer l'observation rigoureuse de ce

principe, nous dispense d'entrer dans de plus amples détails à cet égard (1).

Au contraire, il nous sera facile, dans les autres projets de réformes, qui conservent pour base la publicité personnelle, d'isoler et d'étudier les dispositions ayant pour but une application plus rigoureuse de la spécialité. C'est ce que nous ferons notamment à propos du plus récent et du plus important des projets de réformes, celui déposé par M. Darlan, ministre de la justice, sur le bureau du Sénat le vingt-sept octobre 1896,

---

1. Sur cette question de la réforme de notre régime hypothécaire par l'introduction d'un livre foncier, voir : Procès-verbaux de la Commission extra-parlementaire du cadastre, et notamment : Durand-Claye, *Les résultats des essais ordonnés par la sous-commission technique*, fascicule V, p. 155 et suiv. — Massigli, *Sur l'immatriculation*, fascicule V, p. 427 et suiv. — Challemel, *Sur le crédit hypothécaire*, fascicule V, p. 517 et suiv. Voir aussi : Besson, *Des livres fonciers et du régime hypothécaire*, Paris, 1891.

CHAPITRE DEUXIÈME

I. *Belgique.*

La loi du 16 décembre 1851 a remplacé en Belgique le titre des privilèges et hypothèques du Code civil français qui s'y appliquait jusqu'alors.

Elle soumet l'hypothèque conventionnelle au principe de la spécialité et précise mieux que ne fait notre Code les éléments de la spécialité dans l'inscription. Elle prohibe l'hypothèque des biens à venir, d'une manière absolue, sans reproduire l'exception de notre article 2130 pour le cas d'insuffisance des biens présents (art. 78).

Elle ramène au principe de la spécialité toutes les hypothèques légales — à l'exception cependant de celle de l'Etat, des provinces, des communes et des établissements publics sur les biens de leurs comptables, qui demeure générale, (art. 48) — et cela, par différents procédés qu'il est intéressant de passer en revue.

Tout d'abord, elle supprime l'hypothèque judiciaire et les privilèges généraux s'étendant subsidiairement sur les immeubles (1).

---

1. Elle supprime ces privilèges en tant qu'hypothèques, c'est-à-dire en tant qu'opposables aux créanciers ayant privilège ou hypothèque sur les immeubles, mais elle les laisse subsister en tant que privilèges suivant la notion romaine, c'est-à-dire en tant que droit de préférence entre créanciers non hypothécaires. L'article 19, en effet, indique ces créances comme privilégiées sur les meubles, et ajoute : « Lorsque la valeur des

En second lieu, elle prend des mesures pour arriver à la spécialisation de l'hypothèque de la femme, et de celle du mineur ou de l'interdit.

Dans le premier cas, les créances de la femme prenant naissance à des époques différentes, les unes dès la célébration du mariage, les autres au cours du mariage, la spécialisation est prévue soit dans le contrat de mariage, soit postérieurement. Dans le second cas au contraire, les créances à garantir ayant toutes leur source dans la gestion de la tutelle, la spécialisation doit être opérée avant le commencement de cette gestion.

C'est le conseil de famille qui spécialise l'hypothèque du mineur ou de l'interdit, soit lors de la nomination du tuteur, si la tutelle est dative, soit lors de la nomination du subrogé tuteur, si la tutelle est légale ou testamentaire. Tout intéressé peut faire opposition à cette délibération pour insuffisance ou excès de garantie : il est alors statué contradictoirement avec le procureur du roi. La spécialisation consiste dans la détermination de la nature et de la situation des biens que frappera l'hypothèque ; le conseil de famille se base, pour cette détermination, sur une évaluation qu'il fait des créances à garantir (art. 49 à 52). L'hypothèque une fois spécialisée doit être inscrite, et seule cette inscription la rend opposable aux tiers ; il est donc tout à fait important pour l'incapable qu'elle ne soit pas omise ; de grandes précautions ont été prises à cet égard par la loi Belge ; il ne rentre pas dans notre sujet de les étudier (art. 52, 53, 54 et 63).

immeubles n'a pas été absorbée par les créanciers privilégiés ou hypothécaires, la portion du prix qui reste due est affectée de préférence au paiement des créances énoncées au présent article ».

Ajoutons que la loi Belge permet au conseil de famille de « déclarer, d'après les circonstances, qu'il ne sera pris aucune inscription sur les biens du tuteur » (art. 49), et, d'autre part, que si les garanties donnees deviennent insuffisantes ou excessives, le conseil de famille peut, en cours de tutelle, requérir de nouvelles inscriptions ou faire réduire celles déjà prises (art. 58 et 60).

La spécialisation de l'hypothèque légale de la femme mariée se fait soit au moyen du contrat de mariage, soit au moyen d'une ordonnance du président du tribunal rendue, en cours du mariage, à la requête de la femme. La spécialisation par contrat suppose que le mariage est précédé d'un contrat et ne vise que les créances résultant pour la femme de ce contrat, c'est-à-dire sa dot et ses conventions matrimoniales (art. 64 et 65) ; la nature contractuelle de cette spécialisation empêche le mari de pouvoir ultérieurement demander une restriction de l'hypothèque ainsi spécialisée (argument tiré de l'art. 72), mais n'empêche pas la femme de pouvoir demander une nouvelle hypothèque si les garanties données sont reconnues insuffisantes (art. 66), car, en cette matière, la protection dûe à la femme prime tout. La spécialisation par ordonnance du président a son utilité, soit que le mariage n'ait pas été précédé de contrat, soit que les garanties fournies par le contrat soient reconnues insuffisantes, soit enfin qu'ils s'agisse de créances n'ayant pas leur source dans le contrat (art. 66 et 67) ; elle n'est d'ailleurs pas irrévocable, en ce sens que, si les circonstances l'exigent ou le permettent, la femme peut requérir une nouvelle inscription, le mari demander la réduction de l'hypothèque inscrite (art. 66 et 72).

Chereau   14

L'hypothèque de la femme, ainsi spécialisée, n'a d'effet contre les tiers que par son inscription ; et, comme pour celle du mineur, la loi belge a multiplié les mesures les plus sérieuses pour que cette inscription ne soit pas omise (art. 64, 69 et 70).

En ce qui concerne la perte ou détérioration de l'immeuble spécialement hypothéqué, sans le fait ou la faute du débiteur, l'article 79 reproduit, sous une autre forme non moins défectueuse, la solution de l'article 2131 de notre Code, en décidant que le créancier « a le droit de réclamer le remboursement de sa créance », mais que « le débiteur sera admis à offrir un supplément d'hypothèque ».

Nous ne trouvons pas dans cette loi d'article correspondant à notre article 2133 sur « l'amélioration » de l'immeuble hypothéqué ; les principes généraux du droit suffisent en effet à dicter la solution écrite en notre Code.

En résumé, la loi belge de 1751 se rapproche beaucoup plus que la nôtre d'une rigoureuse observation du principe de la spécialité ; elle serait parfaite à cet égard sans le maintien d'une hypothèque générale, celle de certains établissements publics sur les biens de leurs comptables.

II. *Italie.*

Le Code Italien de 1865 consacre, lui aussi, plus rigoureusement que ne fait notre Code civil, mais non pas cependant sans lacunes, le principe de la spécialité.

L'hypothèque conventionnelle doit être spécialisée dans l'acte constitutif par l'indication de la nature de l'immeuble grevé, de la commune où il se trouve, du numéro du cadastre ou des plans, s'il en existe, et de trois au moins de ses tenants et aboutissants (1979). L'hypothèque des biens à venir est prohibée d'une manière absolue (1977). L'inscription de l'hypothèque doit contenir la même désignation spéciale que l'acte constitutif (1997, 7°).

L'hypothèque de la femme mariée est spécialisée de la manière suivante : elle est restreinte aux immeubles du mari déterminés dans le contrat du mariage ; à défaut de détermination dans le contrat, elle ne grève que ceux qu'il possède au jour de la constitution de la dot en ce qui concerne les sommes dotales ; s'il s'agit de successions ou de donations échues à la femme, l'hypothèque les garantissant ne grève que les immeubles que le mari possède au jour de l'ouverture de la succession, ou au jour où la donation a produit son effet (art. 1969, 4°). Il est difficile d'imaginer un mode de spécialisation plus défectueux ; il ne proportionne aucunement la valeur du gage à celle de la créance à garantir ; il n'y a aucune corrélation nécessaire, normale, entre les immeubles que le mari possède à un moment donné et la succession qui peut échoir ou la donation qui peut être faite à la femme à ce même moment.

L'hypothèque légale du mineur ou de l'interdit est spécialisée aux immeubles indiqués par le conseil de famille soit à l'ouverture, soit au cours de la tutelle (art. 1969, 292, 293).

Ces hypothèques ne valent d'ailleurs à l'encontre des tiers qu'à condition d'être inscrites, et l'inscription en doit être spéciale.

L'hypothèque judiciaire ne vaut également que sous condition d'une inscription, et d'une inscription spéciale ; mais on aurait tort d'en conclure que le législateur italien a ramené cette hypothèque au principe de la spécialité ; elle est demeurée générale, car le créancier a droit de prendre inscription sur tous les immeubles du débiteur, même sur les immeubles « à venir, à mesure qu'ils parviennent au débiteur » (articles 1970 et 1986).

En ce qui concerne les privilèges généraux portant, dans notre droit, subsidiairement sur les immeubles, le code italien a suivi le même système que la loi belge de 1851 : il leur enlève le droit de préférence à l'encontre des créanciers hypothécaires, et ne les laisse subsister que comme « *privilegia inter personales actiones* » (article 1963) (1).

Certaines créances de l'Etat sont privilégiées (d'ailleurs avec quelques restrictions) sur les immeubles ; mais ces privilèges sont spéciaux. Les créances de l'Etat pour la contribution foncière ne sont privilégiées que sur les immeubles du contribuable « situés sur le territoire de la commune où les contributions sont perçues », celles pour les droits d'enregistrement et pour toutes autres contibutions indirectes « sur les immeubles qui en ont été l'objet » (art. 1962).

L'état a, de plus, pour le recouvrement de frais de justice en matière criminelle, une hypothèque légale générale « sur les biens des condamnés » (art. 1969 5°).

Le vendeur et le copartageant ont une hypothèque spéciale et non privilégiée sur les immeubles aliénés ou faisant partie de la succession (art. 1969. 1° et 2°).

---

1. Il faut faire une exception pour « la créance pour les frais de poursuite en expropriation des immeubles, et pour les frais de procédure d'ordre et de collocation » qui est demeurée une hypothèque légale privilégiée ; mais l'article 1961 prend soin de montrer qu'elle est spéciale : elle « est privilégiée sur les immeubles expropriés ».

En cas de perte ou de détérioration de l'immeuble hypothéqué, le Code italien reproduit, lui aussi, mais avec une formule beaucoup plus heureuse, la solution de notre article 2131 ; il donne au créancier le droit « à un supplément d'hypothèque ou, à défaut, au paiement de sa créance » (1980). Signalons également l'article 1931 qui subroge l'indemnité d'assurance à la chose assurée à moins que cette indemnité ne soit employée à réparer la perte ou la détérioration.

III. *Suède.*

La législation hypothécaire de la Suède a été profondément remaniée par plusieurs lois portant la date du 16 juin 1875 (1), dont la seconde, la plus importante, est intitulée. « Loi relative à l'inscription sur les immeubles ». (2) Ces lois ont créé deux livres fonciers, l'un consacré aux investitures ou mutations de propriétés, l'autre aux inscriptions hypothécaires ; ils sont tous deux tenus par feuillets réels. L'inscription au livre foncier n'est d'ailleurs qu'une mesure de publicité destinée à rendre opposable aux tiers une hypothèque qui existait déjà entre les parties par le seul effet de leur consentement ou de la loi.

L'hypothèque légale avait pris en Suède, avant les lois de 1875, un très grand développement ; on en était arrivé à l'accorder à tout créancier. La nouvelle législation remédie à cet abus. L'article 2 de la « loi relative à l'inscription sur les immeubles » ne prévoit plus que trois cas d'hypo-

1. *Annuaire de législation étrangère*, année 1876, p. 804 et suiv.
2. Ces lois ont elles mêmes été modifiées à maintes reprises, notamment en 1881 et 1882, mais sur des points secondaires.

thèque légale : celle du vendeur d'immeuble pour sûreté
du prix de vente ; celle attachée aux sentences criminelles
condamnant au paiement de dommages-intérêts dont le
terme n'est pas encore échu ; celle qu'un propriétaire s'est
vu contraint par décision judiciaire, de donner à un mineur
dont il a la tutelle (dans ce troisième cas, l'hypothèque
n'existant pas de plein droit en vertu de la loi est, à proprement parler, une hypothèque judiciaire et non une hypothèque légale). Dans ces trois cas, l'inscription est accordée
sans qu'il soit besoin du consentement du débiteur, mais
elle doit être demandée au tribunal, qui, en l'accordant,
désigne les immeubles sur lesquels elle portera. L'hypothèque légale est donc spéciale.

Il en est de même de l'hypothèque conventionnelle. Il
résulte en effet de l'ensemble des lois hypothécaires suédoi-
ses qu'elle ne peut porter que sur des immeubles présents ;
d'autre part l'inscription hypothécaire, qui ne peut être
que spéciale puisqu'elle se fait sur un livre foncier tenu par
feuillets réels, est en correspondance nécessaire avec l'acte
constitutif de l'hypothèque ; en effet, elle doit être demandée au tribunal qui l'accorde ou la refuse après examen
des titres et qui dresse acte de l'hypothèque accordée par
une mention mise au pied même de l'acte à raison duquel
l'inscription a été demandée : ainsi l'acte constitutif contient une reproduction des diverses inscriptions spéciales
qui seront prises ; il ne saurait être général. L'usage est
d'ailleurs que ce soit le débiteur lui-même qui demande
inscription, par avance, sur chacun de ses immeubles, en
présentant au tribunal des billets en blanc qu'il cède plus
tard aux créanciers avec leur hypothèque. Cet usage s'est
introduit en dehors des prévisions des anciennes lois dont

le texte supposait partout l'inscription requise par le créancier ; le texte de la nouvelle loi est à cet égard beaucoup plus
large. « Quiconque veut engager ses immeubles à la garantie de ses obligations, doit à cet effet déclarer par écrit
son consentement sur le billet ou sur l'acte quelconque qui
sert de titre à la créance, et donner l'authenticité à cet acte
par le concours de témoins instrumentaires ; la créance
doit être inscrite de la manière prescrite ci-après ».
(art. 1er). Cet usage conduit forcément à la spécialité de
l'hypothèque conventionnelle, car il ne peut se concevoir
que relativement à tels ou tels immeubles déterminés du
débiteur, mais non pas à l'ensemble de son patrimoine
immobilier.

Ainsi le principe de la spécialité est rigoureusement
observé par la législation suédoise.

IV *Tunisie.*

La loi du 1er juillet 1885 (1) a créé pour la Tunisie un
nouveau régime pour la propriété foncière et les droits réels.
Ce regime est basé sur la publicité réelle au moyen de livres
fonciers ; il est d'ailleurs facultatif et les immeubles qui
n'y sont pas soumis continuent d'être régis par la loi musul-
mane, dont nous ne parlerons pas ici. L'inscription sur les
livres fonciers n'est d'ailleurs exigée que pour rendre les
droits opposables aux tiers ; la constitution d'hypothèque
est valable entre les parties indépendamment de toute inscription.

1. Complétée par une série de décrets, notamment par celui du 16 mai
1886 ; *Annuaire de législation française*, 1886, p. 147, 1887, p. 151,
1889, p. 107 ; *Bulletin de la société de législation comparée*, 1886,
p. 317 à 319 et p. 560 à 570.

Le législateur a compris que la spécialité résultant de l'inscription sur les registres fonciers ne suffisait pas à assurer la véritable spécialité du gage hypothécaire ; il a soigneusement et clairement règlementé celle-ci en une série de dispositions expresses ; on peut dire que, sur ce point, cette loi est un modèle.

L'hypothèque judiciaire est supprimée ; le Code ne conserve que des hypothèques forcées, c'est-à-dire légales, et des hypothèques volontaires, c'est-à-dire conventionnelles ou testamentaires.

Les hypothèques forcées sont au nombre de trois : celle du mineur et de l'interdit, celle de la femme et celle du vendeur d'immeuble (art 239). Encore celle du vendeur d'immeuble n'existe-t-elle qu'à défaut de stipulation d'hypothèque conventionnelle et en vertu d'un jugement du tribunal (art 246 et 247). Toutes trois sont spéciales. L'hypothèque du vendeur porte sur l'immeuble vendu. Celles du mineur, de l'interdit et de la femme mariée doivent être toujours spécialisées quant à la somme garantie et quant aux immeubles grevés par le conseil de famille à l'ouverture de la tutelle ou de l'interdiction, ou par le contrat de mariage, (art. 240, 242 et 243). A défaut de contrat de mariage, ou si l'hypothèque est insuffisante, le conseil de famille, au cours de la tutelle, ou la femme, au cours du mariage, peut, en vertu d'un jugement du tribunal, qui détermine l'immeuble sur lequel l'inscription sera prise, requérir une nouvelle inscription d'hypothèque (art. 244 et 244). Si les garanties au contraire sont devenues excessives, le conseil de famille pour l'hypothèque du mineur ou de l'interdit, le tribunal pour celle de la femme, peut les diminuer (articles 241 et 244). Ainsi la spécialité est parfaite ; le gage a une sorte d'élasticité ; il peut à tout moment se proportionner exactement à l'importance des créances à garantir.

Les autres hypothèques légales ou priviléges immobiliers de notre droit français sont inconnus de la loi tunisienne, à l'exception des privilèges de l'article 2102 que reproduit l'article 229 de cette loi : ces privilèges sont généraux (c'est la seule exception au principe de la spécialité), mais ils ne s'exercent que subsidiairement sur le prix des immeubles (art. 229 et 230). Il résulte de là que nos privilèges du copartageant, de l'architecte et du constructeur sont supprimés : c'est aux parties à prendre dans ces cas telles hypothèques volontaires que bon leur semble. Tel est aussi le vœu de la loi pour le privilège du vendeur qui n'existe comme hypothèque légale spéciale et non priviliégée « qu'à défaut de stipulation d'hypothèque » (art. 247).

Signalons par contre un privilège immobilier tunisien inconnu de la loi française ; c'est celui du crédit-rentier de l'enzel (art. 228), c'est-à-dire d'une rente perpétuelle grevant une propriété foncière (art. 83) ; il est spécial et ne porte que sur l'immeuble tenu à enzel (art. 87).

Les deux variétés d'hypothèques volontaires sont également spéciales. L'hypothèque testamentaire doit porter sur un ou plusieurs des immeubles du testateur « spécialement désignés dans le testament » (art. 254). L'hypothèque conventionnelle doit, pour être valable et pouvoir être inscrite, déclarer « soit dans le titre constitutif de la créance, soit dans un titre postérieur » « spécialement la nature et la situation de chacun des immeubles actuellement appartenant au débiteur, sur lesquels il consent l'hypothèque de sa créance » (art. 255). Cette formule exclut à la fois toute désignation collective d'immeubles présents et toute affectation d'immeubles à venir.

La loi reproduit, en termes un peu différents, la solution de notre Code pour le cas de perte ou détérioration de l'immeuble hypothéqué sans la faute ou le fait du débiteur (art. 256), et, en termes identiques, celle de notre Code pour le cas d'amélioration de l'immeuble hypothéqué (art. 234).

Ajoutons enfin que toutes les hypothèques forcées ou volontaires ne sont opposables aux tiers que par leur inscription au livre foncier ; le législateur n'a pas eu à prendre de mesures particulières imposant la spécialité de ces inscriptions, puisque cette spécialité résulte nécessairement de la façon même dont sont tenus les livres fonciers, où chaque feuillet ne représente qu'un seul immeuble.

V. *Australie.*

Les colonies anglaises de l'Australie participaient autrefois au régime foncier de la métropole. Ce régime ne connaît pas l'hypothèque ; il en est resté, en matière de sûreté réelle immobilière, au mortgage de notre ancien droit, d'ailleurs profondément modifié par l'usage de clauses accessoires.

Ce système fut complètement transformé en Australie par l'adoption du régime connu sous le nom de « système de l'Act Torrens » qui entra en vigueur dans l'Australie du Sud par suite d'une loi du 2 juillet 1858 et fut étendu par une série d'autres lois aux diverses provinces de l'Australie (1).

1. *Bulletin de la société de législation comparée*, année 1886, p. 288 à 333.

Le régime de l'Act Torrens consiste dans l'immatriculation sur des registres matrices ou livres fonciers, tenus par
feuillets réels, de tous actes contenant constitution ou
transfert de droits réels immobiliers ; l'acte n'est valable,
même entre les parties, que par suite de cette immatriculation. Le débiteur qui veut constituer une hypothèque au
profit de son créancier rédige un contrat, fait certifier sa
signature par un témoin, et envoie au directeur de l'enregistrement le contrat hypothécaire accompagné du ou des
certificats de propriété des immeubles qu'il entend grever
d'hypothèque, certificats mobiles qui sont la reproduction
exacte des certificats servant de folios matricules aux livres
fonciers. Le directeur de l'enregistrement inscrit l'hypothèque consentie au verso du certificat mobile et de celui
qui sert de folio matricule, et rend le certificat mobile au
propriétaire ; il donne au créancier l'acte constitutif d'hypothèque au dos duquel il inscrit la mention d'enregistrement de l'hypothèque avec la date et l'heure de l'inscription. On peut dire que, dans ce régime, à l'inverse de ce
qui a lieu chez nous, ce n'est pas l'inscription que reproduit l'acte constitutif, mais bien plutôt celui-ci qui reproduit l'inscription sans laquelle l'hypothèque n'a aucune
existence. L'inscription faite sur un folio matricule ou certificat de propriété ne concernant qu'un immeuble, est
nécessairement spéciale ; l'acte constitutif qui la reproduit
l'est aussi et on ne conçoit pas comment il pourrait s'appliquer à l'ensemble du patrimoine immobilier du débiteur.
La spécialité de l'hypothèque conventionnelle est donc
rigoureusement observée en Australie.

Les lois australiennes ne connaissent d'ailleurs aucune
hypothèque légale.

VI. *Autriche.*

Le régime hypothécaire autrichien est réglementé par une loi du 25 juillet **1871** (1). Cette loi organise un livre foncier tenu par feuillets réels, chaque feuillet comprenant un domaine, c'est-à-dire la réunion de tous les immeubles d'un même propriétaire situés dans la même circonscription. La constitution d'un hypothèque n'est valable, même entre les parties, que par son inscription au livre foncier. Elle ne peut être requise que sur le fondement d'un acte authentique ou sous seing privé pourvu, dans ce dernier cas, de la légalisation, et cet acte doit désigner d'une façon précise l'immeuble auquel la demande d'inscription se réfère ; ainsi la spécialité résulte ici non seulement du mécanisme de l'inscription au livre foncier, mais encore d'une disposition législative expresse qui doit recevoir une interprétation analogue à celle de notre article **2129** ; notons seulement que c'est une spécialité d'un caractère un peu particulier, car elle embrasse un domaine, c'est-à-dire, la réunion d'un plus ou moins grand nombre d'immeubles.

VII. *Prusse.*

Le régime hypothécaire prussien actuel résutle de quatre lois promulguées le même jour (5 mai **1872**) et dont la première, de beaucoup la plus importante, est intitulée : « Loi sur l'acquisition de la propriété immobilière et sur les droits réels immobiliers » (2).

Ces lois créent, à côté de l'hypothèque proprement dite,

1. *Bulletin de la société de législation comparée.* année 1876, p. 343 et suivantes.
2. *Annuaire de législation étrangère*, 1873, p. 208 à 273.

la « dette foncière » qui se distingue de l'hypothèque en ce qu'elle n'est l'accessoire d'aucune dette personnelle, et que, même alors qu'elle est constituée — comme cela a lieu le plus souvent en fait — à raison de quelque obligation personnelle existant entre le constituant et l'acquéreur, elle est tout à fait indépendante de cette obligation personnelle et ne s'éteint pas avec celle-ci. L'hypothèque et la dette foncière n'ont l'une et l'autre d'existence, même entre les parties, que si elles ont été inscrites sur les registres officiels à ce destinés (article 18) ; or, ces registres étant des livres fonciers tenus par feuillets réels, l'inscription et par suite l'hypothèque elle-même sont toujours spéciales.

Mais, ainsi que nous avons eu déjà occasion de le dire, le crédit du débiteur n'est pas pour cela bien efficacement protégé dans cette législation ; elle offre un exemple frappant de l'insuffisance à cet égard du livre foncier, en l'absence de toute disposition législative, expresse ou implicite, enlevant au créancier le droit général de prendre inscription.

Le crédit du débiteur est tout d'abord fortement entamé par l'existence d'un grand nombre d'hypothèques légales, ou, à proprement parler, de titres légaux donnant au créancier le droit de requérir inscription d'hypothèque. Ce droit est accordé : au Trésor, pour tout ce qui lui est dû, hormis les peines pécuniaires ; aux communes et aux corporations, contre leurs administrateurs ; aux personnes en tutelle, contre l'administrateur de leur fortune ; à la femme mariée contre le mari administrateur de ses biens ; aux enfants contre leur père devenu veuf s'il se remarie, ou contre celui de leurs parents qui, après divorce, se remarie ; aux légataires ; aux créanciers dont les créances sont devenues exécutoires ; aux créanciers qui ont le droit d'exiger une caution. Dans tous ces cas, la loi ne restreint pas à tel ou tel immeuble du débiteur le droit du créancier de requérir inscription ; il n'y a d'exception que pour les personnes en tutelle dont l'administrateur de leur fortune n'est grevé d'hypothèque que s'il y est astreint par une décision du tribunal tutélaire qui doit en même temps déterminer l'étendue du gage hypothécaire. Qu'importe au débiteur que l'hypothèque, n'existant que par l'inscription au livre foncier, soit toujours spéciale, si le créancier peut, en vertu du titre légal, requérir ces inscriptions spéciales en nombre indéfini et grever d'une nouvelle hypothèque chaque nouvel immeuble qui entrera dans le patrimoine du débiteur ?

Et n'en est-il pas de même pour l'hypothèque résultant de la convention ? Qui empêche le débiteur de promettre à son créancier qu'il inscrira l'hypothèque à son profit sur chacun de ses immeubles présents et futurs, sans limitation ? Grèvera-t-il moins par une semblable promesse l'ensemble de son patrimoine immobilier, parceque l'hypothèque elle-même n'existera qu'à partir de l'inscription ? Le germe de l'hypothèque existera dès la promesse, et cela suffit. Qu'on ne dise pas qu'une semblable promesse serait nulle ; rien dans l'esprit de la loi, pas plus que dans ses termes, ne nous paraît l'interdire. Elle se concilie fort bien tout au contraire avec les termes de l'article 19 de la première loi : « L'inscription s'opère : 1° sur la demande du propriétaire ; 2° sur la demande du créancier muni d'un jugement définitif qui condamne le propriétaire inscrit à établir l'hypothèque ou la dette foncière.... 3° sur la réquisition d'une autorité compétente ». Est-ce que cette pro-

messe, engendrant contre le débiteur une action personnelle, ne permettra pas au créancier d'obtenir ce « jugement définitif » en vertu duquel il pourra requérir inscription ?

En ce qui touche les améliorations survenues à l'immeuble hypothéqué, l'article 30, au lieu de poser un principe général, comme le fait notre Code civil, procède par
voie d'énumération, ce qui est toujours un procédé défectueux. « L'inscription frappe, dit-il,... les bâtiments cons-
truits sur l'immeuble, soit avant l'inscription, soit depuis,
et appartenant au propriétaire ; les adjonctions et accrois-
sements naturels... ; les parcelles acquises et ajoutées à
l'immeuble ». Cette deuxième disposition, contraire à la
solution de notre droit, s'explique par le fonctionnement
du livre foncier prussien. Nous avons dit qu'il était tenu
par feuillets réels, mais chaque feuillet correspond plutôt
à un domaine, c'est-à-dire à un ensemble de biens réunis
dans une même exploitation ou sous un même nom, qu'à
un immeuble unique : toute charge réelle inscrite sur le
feuillet porte sur l'ensemble du domaine et c'est à ce titre
qu'elle grève une nouvelle parcelle acquise, si celle-ci est
« ajoutée » à l'immeuble, c'est-à-dire incorporée au domaine à titre de dépendance.

En cas de détérioration assez grave pour compromettre
la sûreté du créancier, celui-ci pourra, aux termes de l'article 50 de la même loi, « exiger en justice soit des mesures conservatoires, soit le paiement avant l'échéance ».
Si, d'ailleurs, l'immeuble détérioré était assuré, l'inscription grève de plein droit l'indemnité d'assurance, « à
moins, dit l'article 30, que cette indemnité ne doive être
employée d'après la police d'assurance, à la reconstruc-

tion des bâtiments ». Il y a là une excellente disposition dont nous avons eu à regretter l'absence dans notre
législation.

———————

CHAPITRE TROISIÈME

ETUDE DU PROJET DE RÉFORME DARLAN (1).

Le projet de réforme du régime hypothécaire déposé par M. Darlan, garde des sceaux, conserve tous les traits essentiels de notre régime hypothécaire français : hypothèque accessoire d'une obligation personnelle, existant entre les parties soit par l'effet de leur convention constatée par acte authentique soit en vertu de la loi, mais indépendamment de toute publicité, qui n'est exigée que pour la rendre opposable aux tiers ; enfin publicité personnelle, c'est-à-dire réalisée par des inscriptions sur des registres tenus par noms de personnes propriétaires d'immeubles. Il s'efforce d'appliquer plus rigoureusement que ne l'a fait le législateur du Code civil le double principe

---

1. Projet de loi Darlan sur la réforme hypothécaire, déposé sur le bureau du Sénat dans la séance du 27 octobre 1896 (annexe n° 2). *Journal Officiel*, 1896. Sénat. *Annexes*, p. 332 et suivantes. En dehors de ce projet, que nous étudions de préférence aux autres comme étant à la fois le plus récent et le plus complet, signalons : un projet de résolution tendant à nommer une commission de quarante-quatre membres pour la refonte du Code civil, présenté par M. Goujat, député, annexé au procès-verbal de la séance de la Chambre du 19 décembre 1893 (brochure n° 204, page 14) ; et une proposition de loi portant modification au régime de la publicité en matière de transmissions immobilières, de privilèges et d'hypothèques, présentés par MM. Dupuy-Dutemps, Brisson et Georges Leygues, annexée au procès-verbal de la séance de la Chambre du 1er février 1894 (brochure n° 344) et renvoyée à la commission du Code de Procédure et des juges de paix.

Chereau   15

de la publicité et de la spécialité des hypothèques et d'y soumettre toutes celles qui s'en écartent actuellenent.

Nous n'étudierons, bien entendu, que celles de ses dispositions ayant rapport à la spécialité du gage hypothécaire.

1

L'article 17 du projet, relatif aux hypothèques conventionnelles et légales, est ainsi conçu :

« Toute hypothèque, soit légale, soit conventionnelle, doit être inscrite au bureau de la conservation des hypothèques de la situation des biens. L'inscription ne peut être prise que pour une somme fixe et sur des immeubles désignés. A défaut d'inscription, l'hypothèque ne peut être opposée aux tiers qui ont des droits sur l'immeuble et les ont conservés en se conformant aux lois. Les articles 2122, 2129, 2130 du Code civil, sont abrogés. »

On peut faire à ce texte, en ce qui concerne l'hypothèque conventionnelle, un double reproche.

Le premier porte sur la rédaction de l'article. A le prendre à la lettre, il n'exige qu'une chose : la spécialité dans l'inscription ; de la spécialité dans l'acte constitutif il n'est plus question puisque cet article abroge expressément l'article 2129 du Code civil. Nous avons déjà eu l'occasion de faire remarquer que ce serait une erreur d'interpréter cet article comme autorisant par son silence une constitution d'hypothèque générale ; les motifs donnés par le législateur sont absolument formels et contraires à une pareille interprétation. « L'article 17 », y lisons-nous, « pose le principe absolu de la publicité et de la spécialité... nous abrogeons les articles 2122, 2129 et 2130 du Code civil, dont... le deuxième se retrouve en d'autres termes, dans les nouvelles dispositions adoptées. » Ainsi le projet entend appliquer plus rigoureusement qu'aujourd'hui la spécialité hypothécaire ; ainsi il ne supprime l'article 2129 que parce qu'il croit le retrouver dans le nouveau texte. Mais, si l'esprit de ce projet ne peut laisser aucun doute, il faut reconnaître que le législateur n'a pas su le traduire dans le texte proposé qui semble ne faire de la spécialité qu'une modalité de l'inscription ; il est à souhaiter que dans la discussion de la loi, un changement soit apporté à cette rédaction.

Le second reproche que nous adresserons à cet article, c'est de supprimer l'article 2130 du Code civil, c'est-à-dire l'hypothèque subsidiaire des biens à venir. Et ici, il ne s'agit pas d'une erreur de rédaction. La suppression de l'hypothèque subsidiaire des biens à venir est bien voulue par l'auteur du projet ; il en donne la raison dans l'exposé des motifs ; c'est que cette hypothèque est « incompatible » avec le principe de spécialité. Nous avons dit plus haut ce que nous pensions de cette incompatibilité et les raisons qui nous amenaient à conclure, tout au contraire, au maintien de l'article 2130 : il est inutile de les exposer à nouveau.

II

Etudions à présent les hypothèques légales, privilégiées ou non, autres que celles des incapables.

Le projet supprime les privilèges généraux sur les immeubles (art. 12), le privilège spécial du constructeur (art. 13) et l'hypothèque générale attachée aux jugements de condamnation (art. 29).

Il conserve, sans changement au point de vue de l'éten-

due du gage hypothécaire, l'hypothèque légale des légataires d'une succession et le privilège de séparation des
patrimoines (art. 13 et 16), ainsi que tous les privilèges et
hypothèques qui garantissent les créances de l'Etat. L'article 39 a soin de dire qu'il n'est rien changé à leur égard.
Ainsi, ce projet laisse subsister avec leur caractère de généralité actuel le privilège du Trésor pour frais de justice
criminelle, l'hypothèque de l'Etat sur les biens de ses administrateurs comptables et l'hypothèque de la régie des
douanes sur les biens des redevables.

Il conserve également, avec leur caractère de spécialité
actuel, mais en précisant mieux que ne le fait le Code civil
le gage sur lequel elles portent : 1° l'hypothèque privilégiée garantissant les « frais de justice faits pour la réalisation de l'immeuble et la distribution du prix » ; 2° l'hypothèque privilégiée garantissant « la créance du vendeur
pour le prix et les charges résultant de l'acte de vente,
celle des échangistes pour les soultes stipulées dans l'acte
d'échange et les dommages-intérêts pouvant résulter d'une
éviction, celle du donateur pour les charges ou prestations
imposées au donataire dans l'acte de donation » ; 3° l'hypothèque privilégiée garantissant « la créance des copartageants, savoir : pour les soultes ou retours de lots, sur les
immeubles compris dans le lot chargé de la soulte ; pour
le prix de la licitation sur le bien licité ; pour la garantie
des lots, sur chacun des immeubles compris dans le partage » (art. 13). On ne peut qu'approuver cette rédaction
en ce qui touche la créance des copartageants ; mais il n'en
est pas de même en ce qui touche la créance des frais de
justice, du vendeur, de l'échangiste ou du donataire ;
quoique plus précise que celle du Code civil, elle est loin

d'être parfaite. Elle n'indique pas expressément celui des immeubles du débiteur qu'elle grève du privilège spécial ; elle sous-entend bien évidemment que c'est l'immeuble pour lequel ont été faits les frais de justice, l'immeuble vendu, échangé, donné ; il eût été plus correct de l'indiquer en termes exprès. Ce silence de la loi laisse d'ailleurs subsister la controverse que nous avons indiquée à propos du coéchangiste avec soulte : le privilège porte-t-il sur tout l'immeuble échangé ou seulement sur la portion de cet immeuble dont la soulte représente la valeur ? Une rédaction explicite eût permis de trancher d'un mot cette controverse, comme le fait le même article à propos de celles soulevées par la créance des copartageants.

Remarquons que pour les quelques hypothèques, d'ailleurs peu importantes en pratique, que le projet de loi conserve avec leur ancien caractère de généralité, la restriction judiciaire n'est plus possible, par suite de la disparition de l'article 2161 sous sa forme actuelle ; la restriction conventionnelle leur serait donc seule applicable, si le projet était voté.

III

Venons aux hypothèques légales des incapables. Là est la principale innovation du projet. Au lieu de poser ces hypothèques comme générales en principe et de permettre aux parties, exceptionnellement et sous certaines conditions, de les ramener à la spécialité, le projet impose comme règle absolue cette spécialité. Ce principe nouveau est excellent ; il se double d'une réforme analogue en ce qui touche la publicité de ces hypothèques et ainsi disparaissent les deux plus considérables inconvénients de notre régime hypothécaire actuel.

Ces deux réformes, spécialité, publicité des hypothèques légales des incapables, sont tellement liées l'une à l'autre qu'il nous sera impossible d'expliquer le fonctionnement de la première sans parler un peu de la seconde.

Pour réaliser la publicité des hypothèques légales des incapables, il faut parer à un grave danger. Le fondement même de l'hypothèque qui leur est accordée, c'est-à-dire l'incapacité qui résulte de leur âge, de leurs infirmités mentales ou de leur état de dépendance maritale, fait qu'on ne peut compter sur eux pour inscrire l'hypothèque qui garantit leurs créances éventuelles. Comme on ne peut s'en remettre pour ce soin à leurs protecteurs ou représentants ordinaires, maris ou tuteurs, contre qui cette mesure est dirigée, il devient nécessaire de donner à certaines autres personnes le droit de requérir cette inscription, et de prendre des dispositions telles que ces personnes aient le plus grand intérêt à ne pas omettre cette formalité à l'accomplissement de laquelle est subordonnée l'efficacité de la protection des incapables. Telle est donc la première question qui se pose ; elle intéresse surtout la publicité de ces hypothèques, mais elle se rattache aussi à leur spécialité, car ces mêmes personnes auxquelles la loi donne le droit de requérir l'inscription ont par là même celui de provoquer toutes les mesures nécessaires pour aboutir à cette inscription, c'est-à-dire pour spécialiser ces hypothèques. Aussi, sans entrer dans un examen critique du projet de loi à cet égard, indiquerons-nous d'un mot les personnes à qui la loi donne le droit de requérir inscription.

S'agit-il de l'hypothèque de la femme mariée, le droit de

requérir l'inscription pendant le mariage est donné au mari, à la femme, et aussi, mais avec l'autorisation du président du tribunal du domicile du mari, aux parents et alliés de la femme en ligne directe et en ligne collatérale au degré de frère, de sœur, d'oncle et de tante (article 20). L'inscription peut aussi être prise avant le mariage en vertu du contrat (article 19) ; le projet ne dit pas à qui appartient alors le droit de la requérir. De ce silence, on peut conclure que ce droit n'appartient alors qu'au mari débiteur et à la femme créancière (même mineure, car il s'agit d'une mesure conservatoire) (1), Cette solution est fort rationnelle, car, avant le mariage, la femme n'est pas encore sous la dépendance de son mari. D'ailleurs, si l'inscription n'est pas prise à ce moment, elle pourra l'être après la célébration du mariage par toutes les personnes indiquées en l'article 20 (2).

S'agit-il de l'hypothèque du mineur ou de l'interdit, le

1. Il a été soutenu, par une interprétation plus large donnée au mot « parties » de la phrase « le notaire doit prévenir les parties que l'hypothèque n'aura d'effet que pour l'inscription », que le droit de requérir cette inscription en vertu du contrat, appartenait à toutes les parties au contrat de mariage, c'est-à-dire, non seulement aux futurs époux, mais encore aux parents du futur époux mineur dont le consentement est nécessaire pour l'habiliter à régler ses conventions matrimoniales, aux personnes qui ont figuré au contrat pour y faire des donations aux futurs époux, aux tiers qui s'y sont engagés comme cautions au paiement de la dot promise ou ont constitué une hypothèque destinée à en assurer le paiement. (Dufoussat. *De l'hypothèque légale de la femme mariée*, thèse. Paris, 1898, p. 209-210).

2. On peut de ce chef formuler une grave critique contre le projet de loi, car, s'il charge certaines personnes de requérir l'inscription et en autorise d'autres à le faire, il ne met aucune sanction à cette obligation qui resterait ainsi souvent — pour le plus grand préjudice de la femme — lettre morte. Il n'en est plus de même en ce qui touche l'hypothèque du mineur ou de l'interdit ; le projet charge le subrogé tuteur de veiller « sous sa responsabilité » à ce que l'inscription soit prise, ou de la prendre lui-même.

droit de requérir l'inscription appartient au tuteur et au subrogé tuteur. (article 24).

Ce premier point déterminé, et la spécialisation étant demandée par qui de droit, comment sera-t-elle réalisée ? Cette question est double. La spécialisation, ayant pour but de concilier le crédit du débiteur avec la protection dûe au créancier, en proportionnant l'étendue du gage à l'importance probable des créances éventuelles à garantir, se décompose en deux opérations : évaluation des créances à garantir — détermination en conséquence des immeubles grevés de l'hypothèque. La première de ces opérations ne rentre pas dans le cadre de cette étude ; nous la supposerons remplie et nous nous occuperons exclusivement de la seconde.

Hypothèque de la femme mariée.

Le projet prévoit sa spécialisation soit avant, soit pendant le mariage.

Avant le mariage, la spécialisation résulte de l'accord des parties, c'est-à-dire du mari et de la femme, assistée comme de droit, s'il y a lieu ; accord constaté dans le contrat de mariage (article 19). Le projet ne reproduisant pas les mots « parties majeures » de l'article 2140, il en faut conclure que le droit commun s'applique ici, et que la femme, même mineure, assitée dans ce cas des personnes dont le consentement est requis pour la validité de son mariage, peut consentir dans le contrat la spécialisation de son hypothèque. L'accord des parties doit porter sur « la somme pour laquelle la femme aura hypothèque en raison de sa dot ou de ses conventions matrimoniales » et sur « ceux des immeubles du mari sur lesquels portera l'hypothèque ». Le projet ajoute que « à défaut de cette désignation, l'hypothèque portera sur tous les immeubles présents du mari » (article 19). Cette dernière disposition peut s'expliquer soit comme une convention tacite, le mari et la femme ayant gardé le silence en connaissance de cause, et parceque les immeubles présents du mari étaient nécessaires et suffisants pour la garantie de la dot et des conventions matrimoniales, soit comme une pénalité dirigée contre le mari qui a omis de provoquer la spécialisation désirée par la loi. Elle nous semble néamoins très criticable. Dans bien des cas où le contrat sera muet sur ce point, il n'y aura pas de relation entre les immeubles présents du mari et les créances de la femme à raison de la dot et des conventions matrimoniales : aucune proportionnalité n'existe nécessairement entre ces deux termes. Il eût été de beaucoup préférable d'obliger les parties à s'exprimer toujours sur ce point si important, au moyen d'une sanction efficace telle qu'une amende contre le notaire rédacteur.

La spécialisation avant le mariage suppose donc qu'un contrat a été dressé. D'ailleurs, s'il n'y a pas de contrat, il ne peut être question ni d'hypothèque garantissant des conventions matrimoniales qui n'existent pas, ni d'hypo-thèque garantissant la reprise de la dot, car, le régime étant celui de la communauté légale, si la dot est immobi-lière, elle reste la propriété de la femme, et, si elle est mobilière, elle tombe en communauté, et c'est à titre de copropriétaire et non de créancière que la femme y peut prétendre au cas d'acceptation.

La spécialisation en cours de mariage n'est donc jamais utile que pour les créances de la femme contre son mari ayant une source autre que la dot ou les conventions matri-moniales. Comment se fera-t-elle ? L'article 20 répond à cette question : « Toute inscription qui pourrait devenir nécessaire pendant le mariage sera prise par le mari ou par la femme elle-même, sans aucune autorisation, sur des immeubles et pour des sommes déterminées. Les parents et alliés de la femme en ligne directe et en ligne collatérale au degré de frère, de sœur, d'oncle et de tante, pourront requérir l'inscription, avec l'autorisation du président du tribunal du domicile du mari ». Nous touchons là à un des défauts les plus graves de la nouvelle organisation. Le projet dit en effet que la femme prendra sans aucune autorisation l'inscription « sur des immeubles et pour des sommes déterminés », mais il ne dit pas par qui et sous quel contrôle sera faite cette détermination, et c'est précisément là ce qu'il eût fallu réglementer. En réalité la loi remet le crédit du mari à l'entière discrétion de la femme, car celle-ci aura satisfait aux termes de cet article par le seul fait que chacune des inscriptions par elles prises désignera spécialement l'immeuble auquel elle s'applique, quand bien même la femme grèverait ainsi un à un chaque nouvel immeuble du mari et ruinerait tout son crédit. Il est vrai que si elle dépasse une juste mesure, le mari aura la ressource de demander la réduction, conformément à l'article 2161, tel qu'il est modifié par l'article 28 du projet ; mais c'est une solution à la fois illogique et inélégante que de donner à un créancier une garantie illimitée pour permettre ensuite au débiteur de la faire réduire en justice (1).

1. Cet article 2161 nouveau sur lequel nous aurons à revenir ne devrait dans un système bien conçu, fonctionner que dans une seule hypothèse : celle où l'importance trop grande des immeubles spécialement grevés de l'hypothèque de l'incapable proviendrait d'une erreur dans l'évaluation soit de ces immeubles, soit des créances éventuelles dont ils forment le gage. En dehors de ce cas il ne devrait pas être possible que l'incapable eût un gage hypothécaire trop étendu, et c'est cependant ce qui pourra arriver dans l'hypothèse prévue au texte.

Que si la spécialisation est requise en cours de mariage par un des parents de la femme à qui le projet donne ce droit, il semble que « l'autorisation du président du tribunal du domicile du mari », nécessaire à ce parent pour requérir l'inscription, devra indiquer limitativement les immeubles du mari sur lesquels cette inscription pourra être prise ; c'est donc à la justice qu'il appartiendrait dans ce cas d'opérer la spécialisation du gage hypothécaire et de concilier dans la mesure du possible la protection des intérêts de la femme et la sauvegarde du crédit du mari. Encore faut-il reconnaître que la rédaction de l'article 20 manque singulièrement de clarté à cet égard.

Hypothèque du mineur ou de l'interdit.

La spécialisation en est faite à la requête du tuteur ou du subrogé tuteur par une délibération du conseil de famille qui « désigne les immeubles sur lesquels l'hypothèque doit porter » (article 24). Le projet ne dit pas à quel moment et dans quelles conditions doit avoir lieu cette délibération du conseil de famille. De la comparaison de l'article 24 avec l'article 27, on peut déduire que le premier de ces articles a en vue uniquement la spécialisation au début de la tutelle, et que par suite la délibération à laquelle on se réfère est celle qui a lieu à ce moment soit pour nommer le tuteur, s'il s'agit d'une tutelle dative, soit, dans les autres cas, pour nommer le subrogé tuteur. Il eût été plus correct de l'indiquer en termes exprès dans la rédaction de l'article.

Ainsi, la spécialisation a lieu, pour l'hypothèque de la femme mariée, avant le mariage, par le contrat, en ce qui touche certaines créances, et, en ce qui touche les autres, pendant le mariage, au fur et à mesure que le besoin d'inscrire l'hypothèque se fait sentir — pour l'hypothèque du mineur ou de l'interdit, au début même de la tutelle. Elle a pour effet de proportionner le gage hypothécaire à l'importance probable des créances éventuelles de l'incapable — sous réserve des deux critiques que nous avons apportées à cet égard aux articles 19 et 20 du projet —, de déterminer les immeubles du débiteur qui seront grevés, et d'affranchir tout le reste de son patrimoine.

La spécialisation ainsi réalisée sera-t-elle irrévocable ? Un danger d'une nature particulière est ici à redouter. Il vient de ce que les créances à garantir étant éventuelles, on n'a pu que les évaluer approximativement et non les déterminer d'une manière précise. Il peut se faire que l'évaluation soit trop forte et que par suite l'hypothèque frappe plus de biens qu'il n'est nécessaire ; il peut se faire au contraire que l'évaluation se trouve dépassée par les événements et que les biens grevés soient insuffisants à garantir efficacement l'incapable (1). Dans le premier cas une restriction, dans le second une extension du gage hypothécaire sont nécessaires. Le projet de loi permet-il de les réaliser, et de quelle manière ?

Remarquons d'abord que les articles 2140 à 2145 du Code civil se trouvent abrogés par l'article 40 dn projet : étant en effet des procédures exceptionnelles pour spécialiser des hypothèques en principe générales, ils n'ont plus place dans une législation qui ramène de plein droit et

---

1. La disproportion entre la créance et le gage peut encore survenir par une amélioration ou une détérioration des immeubles spécialement hypothéqués ; mais ce n'est pas là un danger particulier à l'hypothèque des incapables ; il se présente pour toute hypothèque spéciale, conventionnelle ou légale.

dans tous les cas ces hypothèques à la spécialité ; ils sont en un mot des dispositions contraires au projet. Et, nous l'avons vu, si la restriction conventionnelle de l'hypothèque des incapables, mesure de protection d'ordre public au premier chef, est possible dans notre droit actuel, c'est uniquement en vertu de ces textes formels et dans la mesure où ils l'autorisent : elle devient donc impossible dès que ces textes disparaissent. Quant à la restriction judiciaire, il n'est plus possible de la fonder, comme nous l'avons fait en étudiant la législation actuelle, sur l'article 2161 du Code civil, puisque le projet supprime cet article en le remplaçant par une disposition toute nouvelle.

Reste donc uniquement, en ce qui concerne la restriction, cette nouvelle disposition (article 28) : « Si dans le cours du mariage ou de la tutelle, il est reconnu que l'hypothèque légale de la femme, du mineur ou de l'interdit, frappe plus de biens qu'il n'est nécessaire, la réduction en peut être demandée par le mari ou le tuteur. La demande du mari est portée devant le tribunal de son domicile, qui statue en chambre du Conseil, sur simple requête. A l'égard du tuteur, la réduction est consentie par délibération motivée du conseil de famille, prise à la majorité, avec avis favorable du juge de paix.... » Il est assez difficile de déterminer exactement le caractère juridique de la restriction réglementée par cet article. Elle paraît être conventionnelle pour l'hypothèque du mineur, puisqu'elle est consentie par le conseil de famille représentant ce mineur, judiciaire pour l'hypothèque de la femme, puisqu'elle est demandée par le mari à justice sans qu'il ait à justifier du consentement de sa femme à cette demande : il y a là, semble-t-il, un manque d'harmonie.

Lorsqu'une extension du gage hypothécaire est nécessaire, le projet vient au secours du créancier en lui permettant de prendre inscription sur de nouveaux immeubles. S'agit-il de la femme, l'article 20 que nous avons
déjà étudié, débute par une formule suffisamment com-
préhensive pour pouvoir être appliquée aussi bien, dans
cette hypothèse que dans celle où il n'y a pas encore eu de
spécialisation. S'agit-il du mineur ou de l'interdit, l'article
27 décide : « dans le cas où les garanties données au mineur ou à l'interdit seraient devenues insuffisantes, le
conseil de famille pourra exiger... l'extension de l'hypothèque à d'autres immeubles ».

Ainsi, dès que la proportionnalité entre le gage et la
créance se trouve rompue dans un sens ou dans l'autre, le
projet de loi donne le moyen de la rétablir : on ne peut
qu'approuver ces dispositions. Il faut néanmoins faire des
réserves sur la rédaction de ces articles. Nous nous
sommes déjà expliqué au sujet de l'article 20 ; quant à
l'article 27, il emploie une formule certainement vicieuse en
parlant de « l'extension » de l'hypothèque à d'autres immeubles, car il s'agit en réalité de la création d'une nouvelle hypothèque entièrement distincte de la première, et
valant seulement à la date de sa propre inscription.

Telles sont les mesures par lesquelles le projet de loi
Darlan ramène à l'observation du principe de spécialité
les hypothèques légales des incapables. Elles sont louables
dans leur ensemble, et, malgré les quelques taches qui
les déparent, elles constituent un progrès très réel et très
considérable sur notre régime hypothécaire actuel.

IV

Le projet de loi n'apporte aucune modification aux articles **2131** et **2133** du Code civil relatifs aux cas de perte ou dégradation ou d'amélioration de l'immeuble spécialement hypothéqué. En revanche il modifie, et d'une façon très heureuse, la loi du **19** février **1889** sur l'attribution de l'indemnité d'assurance. La modification qu'il y apporte est double. D'une part il décide que cette indemnité ne sera attribuée aux créanciers hypothécaires que si elle n'est pas appliquée par l'assureur à la réparation de l'immeuble. D'autre part, il étend les mêmes solutions à « toute indemnité qui serait due par les tiers, en raison de la perte ou détérioration de l'immeuble grevé » (art. **33**).

CONCLUSION

Nous avons essayé, dans le cours de cette étude, plus encore que de montrer les avantages économiques et sociaux qui résultent de la spécialité du gage hypothécaire, avantages aujourd'hui universellement reconnus et proclamés, de mettre en relief deux idées, selon nous essentielles, et qui ne nous semblent pas être toujours très nettement comprises.

La première, c'est que la spécialité est quelque chose de plus qu'un complément, qu'un corollaire de la publicité ; c'est que, malgré les rapports étroits qui unissent ces deux principes et les font réagir l'un sur l'autre, chacun d'eux a une existence propre et indépendante de l'autre, chacun d'eux se réalise par des procédés différents. Il résulte de cette idée la nécessité d'organiser la spécialité de l'hypothèque au moment même de la naissance de celle-ci, préalablement à toute formalité de publicité, et quel que soit d'ailleurs le mode de publicité (réel ou personnel) adopté.

La seconde, c'est que la spécialité du gage hypothécaire n'est qu'une formule, une règle technique, un moyen pour arriver à la réalisation de certains avantages, dont le plus important est la bonne utilisation du crédit du débiteur. Il résulte de cette idée qu'il ne faut pas s'arrêter à la surface, à l'étiquette, et croire qu'une législation est parfaite, à notre point de vue, par ce seul fait qu'elle réalise strictement la spécialité hypothécaire, sans rechercher si elle réalise en

Chereau   16

même temps, cette protection, cette utilisation du crédit du débiteur, but véritable qu'il faut atteindre. Or, nous nous sommes efforcé de démontrer que si, d'ordinaire, la spécialité du gage hypothécaire atteint le but qu'elle vise, parce qu'elle résulte de prohibitions légales embrassant à la fois la constitution d'hypothèque et le droit pour un créancier d'exiger, en vertu d'un contrat ou de la loi, cette constitution, il n'en est plus de même dans un certain type de législation : celui où l'hypothèque ne prend naissance que par son inscription sur un livre foncier. Dans un tel système en effet, la spécialité du gage hypothécaire est rigoureusement réalisée ; mais elle résulte uniquement du procédé qui donne naissance à l'hypothèque, et peut parfaitement se concilier avec le droit pour le créancier d'exiger, en vertu d'un titre ou de la loi, une série indéfinie d'hypothèques : en d'autres termes, la spécialité ne suffit plus alors à protéger efficacement le crédit du débiteur ; il faut en outre, pour arriver à ce résultat, une intervention du législateur.

Nous serions heureux d'avoir réussi à mettre en lumière ces deux idées fondamentales.

VU :

Le professeur, président de la thèse,
M. PLANIOL.

VU :

Le Doyen de la Faculté,
GARSONNET.

VU ET PERMIS D'IMPRIMER :
Le Recteur de l'Académie de Paris,
GRÉARD.

TABLE DES MATIÈRES

Troisième Partie

DROIT COMPARÉ ET PROJETS DE RÉFORMES

BIBLIOGRAPHIE

Antoine de Saint-Joseph. — Concordance entre les Codes civils étrangers et le Code Napoléon. Paris, 1856, 2e édition, 4 vol. (tome II, p. 55).

Aubry et Rau. — Cours de droit civil français, d'après la méthode de Zachariæ, tome III, 4e édition. Paris, 1869.

Basnage. — Traité des hypothèques. Rouen, 1681.

Baudry-Lacantinerie et de Loynes. — Traité théorique et pratique de droit civil. Du nantissement, des privilèges et hypothèques. Paris, 1896, 3 vol.

Beauchet. — Histoire du droit privé de la République athénienne. Paris, 1887, tome III.

Beaune. — Droit coutumier français : Les contrats. Paris, 1889.

Colmet de Santerre (Demante continué par). — Cours analytique de Code civil. Paris, 1880, tome IX.

Cuq. Article Hypotheca. — Dictionnaire des antiquités grecques et romaines de Daremberg et Saglio. Fascicule 24, Paris, 1897.

Dareste. — Des inscriptions hypothécaires en Grèce. Nouvelle Revue historique de droit, année 1885 (p. 2 et suivantes).

Esmein. — Etude sur les contrats dans le très ancien droit français. Paris, 1883 (troisième étude : l'exécution sur les immeubles et l'obligation).

Fenet. — Recueil complet des travaux préparatoire du Code civil. Paris. 1836.

Gillard. — De la constitution de l'hypothèque conventionnelle. Paris, 1891.

Girard. — Manuel élémentaire de droit romain. Paris, 1896.

Guillouard. — Traité des privilèges et hypothèques. Paris, 1896-1898, 3 volumes.

Huc. — Etude sur le régime hypothécaire. Toulouse, 1867.

Huc et Orsier. — Le Code civil Italien et le Code Napoléon. Paris, 1868, 2e édition, 2 volumes.

Jourdan. — Etudes de droit romain. L'hypothèque : exposition historique et dogmatique. Paris 1876.

Lehr. — Droit civil germanique. Paris, 1875.

Lehr. — Eléments du droit civil anglais. Paris, 1885.

Locré. — La législation civile, commerciale et criminelle de la France ou Commentaire et complément des Codes français. Paris, 1827 à 1832.

Martin (du Nord). — Documents relatifs au régime hypothécaire et aux réformes qui ont été proposées, publiés par ordre de M. — (garde des sceaux). Paris imprimerie royale, 1844, 3 volumes.

Pellat. — Traité succinct du droit de gage et d'hypothèque chez les Romains (traduit de l'allemand). Paris, 1840.

Persil. — Commentaire sur le régime hypothécaire. Paris, 1833, 2 vol.

Pont. (continuateur de Marcadé). — Explication du Code civil : tomes X et XI. Privilèges et hypothèques. 3e édition. Paris, 1876 et 1880, 2 volumes.

Pothier. — Œuvres annotées par M. Bugnet, tome XI. Traité de l'hypoque. Paris, 1847.

Roy. — De la spécialité du gage hypothécaire. Thèse. Bordeaux, 1875.

Tacquet. — De la spécialité de l'hypothèque conventionnelle. Thèse. Paris, 1897.

Thézard. — Du nantissement, des privilèges et hypothèques. Paris, 1880.

Valette. — Mélanges de droit, de jurisprudence et de législation. Paris, 1880, 2 vol.

Viollet. — Histoire du droit civil français (2e édition du précis de l'histoire du droit français). Paris, 1893.

Laval. — Imp. parisienne L. BARNÉOUD & Cie